学びと成長の講話シリーズ▶第2巻

溝上慎一 Shinichi Mizokami

学習とパーソナリティ

「あの子はおとなしいけど成績はいいんですよね！」をどう見るか

Active Learning

東信堂

はじめに

「学びと成長の講話シリーズ」は、これまで論じてきた学びと成長パラダイム、アクティブラーニングや学校から仕事・社会へのトランジション（移行）等の理論や概念をもとに、私が主に中学校・高等学校や大学の学校現場に関わって考えること、感じることを、できるだけ率直に、自由に論じたいと思って書くものである。

講話シリーズの目的は二つある。

一つは、学校現場で起こっている個別的な問題や、教員の理解、疑問などを具体的に検討することを通して、これまでの説明には不足していた見方や考え方を補完し、実践に通ずる理論や概念を構築・再構築することである。説くのは私であるが、出発点となる問題や疑問は、学校現場の教職員、生徒学生から出されたものである。

実際、学校現場から発せられる教員の理解や疑問の中には、「えっ？本気で言っているんですか？」と、苛立つようなとんでもない誤解から、「その理解はわかるが、そうではない」と返したくなるようなものまで幅が広い。もちろん誤解といっても、私から見た上での誤解であって、本人から見れば私の考えこそ誤解である。

もう一つの目的は、学校現場から発せられるさまざまな問題や見方・考え方を、私の論とともに、全国の教育関係者にフィードバックして共有することである。私と、私と関わる学校現場だけの議論に終わらせてはいけない。全国の学校教育の発展のための共有知としたい。

私の論や考えがいつも正しいとは思っていない。

これだけ学校現場の奥深く、幅広いテーマで入り込んでいって論じているのである。これは専門、これは専門外などと、専門家気取りの態度はおおよそ許されないところまで来ている。私自身わからないことだらけの中で、調べ、考え、専門家がいれば教えてもらい、あるいは意見を聞き、そうして解をひねり出し、現場の疑問に答えてきた。

本書の講話シリーズの多くの問題や課題は、まさにこういう現場との格闘の中で生み出されてきたものである。

専門家があまり取り組めていない、いわば解の見えない現場の問題が、細かいものを拾い上げればかなりある。本書でいえば、第2章の問題がそうである。

このような問題は、専門家の伝統的な研究テーマにあまり絡まない。現場では多くの教員が疑問に思っているのに、真正面からその疑問に答える専門家が少ないのである。

　もちろん、近い領域の専門家に、個人的に考えを聞いたりコメントをもらったりすることはできる。しかし、それはあくまでその場限りのものであって、彼らがそれを本や論文、雑誌記事で書くことは滅多にない。その結果、調べても検索には引っかからず、世にも聞こえてこない。はやいスピードで進む教育改革から出てくる現場の新しい問題に、専門家の多くはあまり関心を払っていないといえるかもしれない。

　私はそのような問題について、最初は、間違えていても勘違いでもいいから、とにかく解をつくって示していくことが重要だと考えてきた。この二、三年の間、そうしてたたき台として解を示している間に、もっともらしい解としてまとまっていくという経験も何度かしてきた。

　本書の第1章「アクティブラーニング型授業における対人関係の弱い生徒学生への対応」はこうして生まれた。本書の副題に、『「あの子はおとなしいけど成績はいいんですよね」をどう見るか』と、挑戦的な題もつけた。

　三年前は、私はこの問題についてまったくのど素人だった。しかし、今は一定の見方を発信するまでになっている。間違えていれば、直してくれていい。現場が前に進めばそれでいいのである。

　個人的な話で恐縮だが、二つのエピソードを書いておきたい。私の仕事を理解してもらうためのものである。

先日、安彦忠彦先生（神奈川大学特別招聘教授、名古屋大学名誉教授）と久しぶりにお会いし、対談する機会があった。

安彦先生と初めてお会いしたのは、私が助手をしていた20代の頃である。それ以来年賀状のやりとりを続けてきたが、なにぶん安彦先生は、主に中等教育をフィールドとする教育学者だったので、高等教育をフィールドとする私とはほとんど接点がなかった。

その私が、二〇一〇年頃から、大学教育から大きく高大接続、高等学校へとフィールドを拡げざるを得なくなってきた（その経緯は、溝上責任編集（2018）を参照）。その過程で、河合塾のプロジェクトで安彦先生と再会した。二〇一二年のことである。先生は、「10年トランジション調査」（溝上責任編集，2018）にも参画してくださり、高等学校の現場の様子を教えてくださり、また調査に関する多くの助言をくださった。

安彦先生と対談でお会いしたときに、私は二〇一二年当時、習得・活用・探究や言語活動の充実など、初等中等教育に関わる研究者なら知らないでは済まされない施策や基本用語をまったく知らなかったことを思い出し、「そんな感じだったなあ」と二人で大笑いした。今や、私自らが全国に「習得・活用・探究」なるものをアクティブラーニング論と繋げて説いてまわり、本書でも第2章「1」をはじめ、端々でこの用語を用いているが、五、六年前には、私はその用語を知らなかったのである。

私がこの短い期間で、どれだけ初等中等教育の学校現場に入り込んだかがわかるだろう。

もう一つは、私の恩師である梶田叡一先生（桃山学院教育大学学長、兵庫教育大学名誉教授）の「実感・納得・本音」というフレーズについてである。本書では第2章「3」で議論している。

梶田先生の有名な仕事は教育評価であり、とくに日本にベンジャミン・ブルームの「形成的評価」を導入したのはよく知られる。二〇一一年までは中央教育審議会の副会長もされていた。

私は、自己意識論を専門的関心とする心理学者としての梶田先生に師事していたので、先生の初等中等教育での仕事は、話を聞いたり先生の書かれた本を読んだりする程度の関わりでしかなかった。

梶田先生の「実感・納得・本音」というフレーズは、梶田教育学を代表するフレーズといわれるほど、先生の一九八〇年代以来の多くの著書で見られるものであった。研究室でも学部生・大学院生はこの用語を何度も口ずさんだ。内容はよくわかり、私もその通りだと理解していた。

ところで、最近、年に一、二度授業見学や研修で伺っている（大阪府立）岸和田高等学校の山口陽子校長から、一見アクティブラーニングに熱心に取り組む岸和田高等学校の生徒の中に、あまり深く考えて取り組んでいない生徒が少なからずいるという問題意識を聞かされた。第2章「3」で詳しく紹介している。塾で教え込まれた受験勉強のレールに乗っているだけ。素直だが、「なぜ」「もっと知りたい」という気持ちになかなかならない。そのような生徒たちへの苛立ちであった。

はじめは、「そうですかー」と聞いていただけであったが、よくよく考えてみると、「なんだ、それは(私の現場である)京大生にもいえることじゃないか!」と思い当たる節がたくさん出てきた。経験や実感、疑問を伴わない、ステレオタイプの、おもしろくもなんともない正解探し、教師の期待する考えや答案が実に多いことに、正直うんざりしていたことを思い出したのであった。

しかも、他の進学校でこの話をすると、一様に「問題はそこです!」というような話が次々出てきて、実は多くの進学校の高等学校の教師が、この問題をどこかで消化しきれずに抱えていたこともわかってきた。

そんなときである。ふっと梶田先生の「実感・納得・本音」というフレーズが頭に浮かんできて、私は思わず叫んでしまった。

「そうか、梶田先生が見ていたものはここだったのか!」

梶田先生は、(対象は多くの場合小中学生だが)成績のいい子供(優等生)が、理解はしていても、正解探しになっており、心の奥底からわき上がるような実感をもって考えていないことを問題視していた。「内的な渇き」「内的な促し」が弱いとも表現された。

頭ではわかっていたが、私も心の奥底で梶田先生の主張を理解してはいなかった。学生の時から20年以上経って初めて、フレーズの核心に触れたような気がした。

各章の概略を述べておく。

第1章は、本書の題にも通ずるメインの章、「アクティブラーニング型授業における対人関係の弱い生徒学生への対応」について論じたものである。アクティブラーニング改革の推進にとって避けては通れない、最難題の一つである。

前述したように、これに目をつぶるわけにはいかないと考えてきたが、私の専門性をはるかに越える問題であり、三年を要した。今でも基本的にはたたき台としての論である。意見をさまざまに頂戴して、修正すべきところを修正して発展させていきたい。

第2章「現場の疑問から学習論を発展させる」も、前述したように、学校現場で起こっている個別的な問題や疑問を具体的に考えることで、これまで説いてきた理論や概念を確認したり発展させたりしたものである。総じて、実践に通ずる理論を仕上げていこうとしたものである。

本書では9つの議論をおこなったが、中でも以下の節は学校現場でかなり頻繁に議論しているものである。

「1　基礎知識を「習得」してからでないとアクティブラーニングはできない？」

「4　主体的・対話的な学びは深い学びのためではない」

「7　授業進度の問題をどのように解決するか」

「9　面倒を見れば見るほど生徒学生は受け身になっていく?」

第3章は、二〇一二年に調査した社会人データを再利用・分析して、トランジションの先の仕事の世界で起こっていることをまとめた章である。このデータの主な分析結果は、中原淳さんとの共編『活躍する組織人の探究』(2014年、東京大学出版会)ですでに刊行されているが、そこで扱えなかった、しかし学校現場に伝えておきたい結果があり、本書で補完することにした。とくに、以下の結果はしっかり学校現場に伝えておきたいと思うことである。

・高等学校・大学時代に将来についてほとんど考えてこなかったビジネスパーソンが四三・三%もいる。分析の結果、彼らの職場での働き方(組織社会化、能力向上)は、考えてきた人に比べて弱いことが明らかである。

・出身大学の偏差値帯に関係なく、組織社会化、能力向上、キャリア意識の弱い人がいる。

・高偏差値出身者は低偏差値出身者に比べて個人収入は高く、役職も上の人が多い。しかし、それはあくまで平均的な結果である。実数で見ると、高偏差値出身者の中にも少なからず低い個人年収、低い役職の地位の人が認められる。

・ビジネスパーソンの離転職は、出身大学の偏差値帯に関係なく、一般的に認められる。離転職したからといって、職場での仕事の仕方に影響を及ぼすことは認められず、離転職を「非」とする理由は本分析結果からは見出されない。

第4章では、講話シリーズ第1巻でも取り上げた「技ありのアクティブラーニング型授業」についてである。計6テーマを紹介している。「5　作問を通しての生徒同士の学び合い（上級編）」は、タイトル通り上級編であるが、こんな学習が生まれてくることが、アクティブラーニングを説いてきた者としてほんとうに嬉しいことである。

「6　体育実技でも言語活動としてのアクティブラーニング」も、担当科目が違うなどといわずに、是非ご一読願いたい。この授業者は、私が教育顧問をしている桐蔭学園の保健体育の教員であるが、彼の授業を見学に来る教員のほとんどは保健体育以外の科目の教員である。どんな科目でも、その科目にとっての意義のあるアクティブラーニングができ、これまでの授業では育てられなかった力を育てることができることを見事に示し、見学者を感動させている。

最後に本書のお断りである。

本書でいうところの学校現場の多くは中学校・高等学校である。それは私がこの三、四年中学校や高等学校の現場にもっとも多く足を運んでいて、問題意識や関心の多くがそこで作られているからである。このような事情から、本書で議論する多くの内容が中学校や高等学校での教育や学習についてであることをまずお断りしておく。

しかし、私は大学教育改革の一環として、学びと成長やアクティブラーニング、キャリア教育、トランジションを二〇年考え、研究として、実践として取り組んできた。自身の授業という現場も大学や大学院で持っている。だから、中学校や高等学校の教育を対象に議論していても、大学教育に繋げられるところは繋げて議論をしている。また、中学校・高等学校の教育を議論しているだけの場合でも、そこでの議論は多少翻訳する必要はあるだろうが、大学教育の知見としても受け取ってもらえるものと考えている。

本書で扱う理論や概念の中には、これまでの著作の中で何度も説明してきたものが多い。理論や概念である以上、それを一から本書で説明するとあっては、紙面が多く割かれることになる。できるだけ本書は学校現場における実践を中心とした読みものにしたいと考えているので、理論や概念の説明は注形式で過去の著作等を紹介して簡単に済ませることとする。

もっとも、理論や概念の説明も年月が経っており、微修正が重ねられている。最新の説明は、本書で紹介する学校や教師の実践も含めて、私のウェブサイト「溝上慎一の教育論」(http://smizok.net/education/)で掲載している。併せてお読みいただければ幸いである。

厳密には、学校種によって「(大)学生」「生徒」「児童」といった呼称の使い分けがなされるべきであるが、章によっては小学校と高等学校、ひいては大学も含めて同時に議論するような箇所もあり、表現が難しい。本書の多くの議論は中学校や高等学校と大学に向けてなされているものであることから、基本的に「生徒学生」と表現し、内容によって「児童生徒」「生徒学生」「生徒」「学生」等と表現することとする。

「学び」「学習」の使い分けも、実際なかなか難しい。しかし、基本的には「学習」を用いている。「主体的・対話的で深い学び」に代表される施策用語や連語（「学びと成長」「学び合い」等）はこの限りではない。

本書は、学びと成長の講話シリーズ第2巻となる。本書の中では同シリーズの第1巻での議論を紹介したり参照したりする。その場合には、「講話シリーズ第1巻」（溝上, 2018a）と表記していく。（なお、注番号がくりかえし別の章でも出てくるが、注はすべて連番となっている。）

目次／学習とパーソナリティ―「あの子はおとなしいけど成績はいいんですよね！」をどう見るか―（学びと成長の講話シリーズ2）

装幀：桂川潤

学びと成長の講話シリーズ2

学習とパーソナリティ―「あの子はおとなしいけど成績はいいんですよね！」をどう見るか―

第1章　アクティブラーニング型授業における対人関係の弱い生徒学生への対応

「書く」「話す」「発表する」等の活動を通して、知識の理解や頭の中で思考したこと（認知プロセス）を表現する外化活動としてのアクティブラーニングにおいて[1]、他者や集団と対峙する主体をどのように育てるかは、アクティブラーニング改革の大きな課題の一つである。とくにグループワークをおこなうときに問題となるおとなしい生徒学生、あるいは対人関係の弱い生徒学生にどのように対応すればいいかは、彼らの仕事・社会へのトランジション（移行）[2]を念頭において、真正面から取り組まねばならない課題となる。

本章では、この課題にどのように取り組めばいいかを考えてみたい。

1　「あの子はおとなしいけど成績はいいんですよね！」「おとなしい性格を認めてあげたい」

全国で見てきたさまざまなアクティブラーニング型授業を振り返って、私自身の授業も含めて、この問題でよく思い出すエピソードがいくつかある。個人や学校が特定されない範囲で脚色して、中学校と大学でのエピソードを紹介する。

（エピソード1）ある中学校の国語の授業。教師はグループワークをおこなうことを指示し、四人で机を向かい合わせる。ここまでは指示が通る。力量の高い教師の授業で、教室全体は活気に満ちている。グループワークが始まる。

さすがだなと感心しながら教室を見渡していて、ふとある男子生徒が目にとまる。まったく話をしていない。しかし、グループワークに参加していないわけではない。どちらかといえば、物静かに他の生徒の議論を聞いている感じだ。アクティブラーニング型授業を少しでも見学すれば、どこでも見られる光景の一つだ。

横で一緒に見ていた同校の教師に私は尋ねた。

溝上「あの生徒は？」

教師「ああ、●●君ですか。彼はとてもおとなしくて、ふだんもあまりしゃべらない子です。アクティブラーニングは難しいですね。でも、成績はいいので、良い高校に行くと思いますよ。」

溝上「……」

（エピソード2）私の授業。留学生向けの心理学の英語講義。60人くらいの受講生の中、３分の

図表1　大学の授業でのアクティブラーニングの様子

1は日本人学生。アクティブラーニング型で授業をしている。

毎回乱数アプリを使って三〜五人グループを作り（年と全体の受講者数によって異なる）、授業冒頭で席替えをする。乱数アプリでグループ分けするので、留学生と日本人が必ず混ざるとはいえないが、たいていは混成となる。

三人のグループワークで進めたある年の授業。留学生二人と日本人の男子学生一人のグループに目が行く。男子学生の表情が乏しい。笑ったことがないのではないかと思うほどである。男子学生は留学生二人の議論に入れてもらえず、ひとり孤立している。

その学生のところへ行って小さい声で、日本語で話しかけた。

溝上「議論しないの。」

学生「最初は話すのですが、（留学生が）すぐこっちのほうを見てくれなくなって、のけものになってしまうんです。」

溝上「話しかけていけよ。」

学生「なんか、無視されているみたいで、勇気が出ません。しかも英語だし。」

なるほど。私は留学生二人に(英語で)、

溝上「彼は話すのが少し苦手だから、〝これどう思う?〟とか訊いてあげて」

と頼んだ。彼らは

留学生「わかりました!("Okay, Professor!")」

と元気よく応えてくれた。

一〇分後このグループを見ると、男子学生はまたひとり孤立していた。授業後話を聞くと、一度は訊いてくれたようだが、すぐ二人だけの議論に戻ってしまったようだ。留学生に訊くと、彼と話をしても反応が弱くて、おもしろくないらしい。男子学生は、他の(留)学生とグループになったときもこの状態を繰り返し、二週間後授業に来なくなった。

次節の私のコメントに入る前に、中学校、高等学校のアクティブラーニングに関する講演会や研修会で、よく受けるコメントも紹介する。

・学校が子どもの性格まで踏み込んで教育や指導をするのはやりすぎだ。おとなしい子どもの性格をしっかり受け止め、認めてあげたい。

・話すことが何よりも重要であるといったような風潮にうんざりしている。一人で物静かに考えたり勉強したりすることも重要だと思う。

2　何のための学校教育か！

上記のエピソードやコメントで登場する教員は、アクティブラーニング型授業に熱心に取り組んでいる。組織的にも、アクティブラーニング改革の中核教員であることが多い。ここは大前提である。さまざまな能力、性格を持つ生徒学生の学習を作り出し、教育、指導、支援している彼らの教育活動に、まずは敬意を表したい。

その上で厳しい物言いをせざるを得ないが、やはりエピソードやコメントにある生徒学生は問題であり、その彼らに対する教師の教育・指導観も問題である。政府が学習指導要領を改訂して求めている教育改革のねらいともずれている。

私も、対人関係の弱い生徒学生の性格を一人格として認めてあげたい。「それでいいよ」と言ってあげることのほうがはるかに楽だろう。しかし、その彼らが先々苦労する確率の高いことがわかっている中で、教育者として、そうやすやすと「それでいいよ」とは言えない。あたたかく関わりながらも、その彼らの社会化を一歩でも二歩でも促す努力をしなければならない。やがては生徒学生自らわき上がる意欲となるように指導・支援しなければならない。

厳しい物言いだが、このように説かないといけない現実がある。

いくら知識があっても地頭がよくても、いくら良い大学を出ても、自分の考えを述べられない、他者と議論ができない、しようとしないということでは、仕事・社会で苦労することが目に見えている。

一人で物静かに考えたり勉強したりすることは重要である。このような個の力が備わっていてこそ、協働の力もまた映えるというものである。しかし、個の力だけではまったく不十分である。対人関係の弱い生徒学生は、学校から仕事・社会へのトランジションにおいて苦労する確率が高いだろう。

トランジションの先を見ていこう。まず、就職活動である。

この二〜三年、大学生の就職状況は超売り手市場になっており、多くの大学での就職率は（就職希望者を分母として計算して）ほぼ一〇〇％近くになっている（この「就職希望者を分母とする」という点は、留年や就職活動を止めた人等を分母から除外しているという点で留意すべきである）。だから、多くの大学では今、卒業予定者の就職に関してさほど深刻な状況にはない。新聞等で「超売り手市場の就職状況」とも報道されている。

しかし、超売り手市場だといっても、有名大学の学生が、少なからず第一希望の企業から内定をもらえず落とされてくる現実があることを、この話はふまえていない。また、高等学校の教員はあまり知らずに、少しでも良い大学へ生徒を送り込めば人生は安泰などといったような、昭和ぼけを呈している。

これは簡単な話で、有名大学の学生は企業を選ぶのである。有名大学の学生が希望する企業というのは、多くの人が入りたいと思う企業であることが多いので、必然的に入社の競争率が高くなる。企業を選ばなければ、どこかに入れるくらいの超売り手市場ではあるが、有名大学の学生は選ぶのである。昨今の高校生にとって、選ばなければどこかの大学に入れる全入時代であるにもかかわらず、選ぶことで、結果浪人する生徒が出てくることと状況は似ている。

話を戻そう。就職活動を成功させるポイントはいろいろあるが、中でも対人関係や協働性は外せない大きなポイントである。

法政大学教授の田中研之輔（2018）は、新著『先生は教えてくれない就活のトリセツ』で就職活動のプロセスで起こっていることを、ポイントをもって解説している。大学生の就職活動にふだん接していない人には、ここまで求められるのかと驚かれるかもしれないが、現実はこうである。長くなるが、いくつか紹介しよう。

・「（就職活動の選考）過程でみえてくるあなたの人柄や熱意は、選考基準の上位を占めています。人柄や熱意は、曖昧でよくわからないと嘆く就活生もいます。そう嘆く就活生は、人柄や熱意をあなたの「内側」にある何か変わらないものと捉えている傾向があります。他方で、複数社から内定を獲得する就活生は、人柄や熱意が、「内側」にあるものではなく、人事担当者とのコミュニケーションによって、いかようにも通じるものであり、そのことを踏まえた上で的確に伝え届けるものであることを理解しています。」（12～13頁、括弧内は筆者が挿入、以下同様）

・「面接選考をなんなくクリアしていく学生と、面接選考で苦労する学生との決定的な差の一つにこの「表情の身だしなみ」があります。注意すべきは、目つきと口の開き方です。この二つを意識するだけで、印象は随分と変わります。

まず、目です。目つきで印象は変わります。「目つき悪いね」と言われたことがあるような人は、鏡の前で人事担当者に変なイメージを与えないような目つきをつくる練習をしてみましょう。

話をする際の口元の開き方も気をつけるべき点です。口がしっかりと開いておらず、聞こえづらい話し方をしていては、いい内容を話していたとしても、残念な結果に終わってしまいます。

人事担当者は「表情の身だしなみ」を細かくみています。なぜなら、表情というのは、大学を卒業して、入社したからといって急に変わるものではありませんし、入社後は社内の同僚やクライアント企業と対人コミュニケーションを通じて、仕事を進めていくことになるからです。企業に属するということは、あなたの表情一つが企業のイメージにもつながるのです。」（125～127頁）

・「(面接のグループワークで)就活生はグループワークの中で自らの主体性をアピールするのに対して、人事は「主体性のある学生よりも、グループワークに参加できていないのはどの学生なのか」をみています。

企業文化に馴染まないであろう学生を優先的に不採用にすることを判断しているのです。グループワークですべての学生の特性を把握するのは難しく、「話の聞き方がおかしい、コミュニケーション能力が著しく低い、グループワークに対する態度がおかしい」といった学生を確実に不採用にしていくのが、グループワークを担当する人事の役目なのです。」(132頁)

・「グループディスカッションのやりとりでは、「的確な場面で、的確な発言ができているのか」がチェックされています。ここで的確というのは、正解という意味ではありません。答えのない問題を解くことがビジネスシーンではしばしば求められるので、答えではなくて、その場面に応じた判断ができるのかどうかが見られています。

それと同時に、「でしゃばりすぎない」「他の学生の発言を軽視しない」点も重要です。

グループでのこれまでの発言を受けて、「○○さんの意見は、~に関する点と~に関する点は、~の理由から同意できます。ただ、~については、第一に、……、第二に、……、という理由からやや私の考え方とは異なります。それらを踏まえて私の意見は、……」というように、意見をまとめながら、深掘りをしていくのがいいですね。」(136~137頁)

いずれも、学校のふだんの授業場面で、アクティブラーニングにしっかり取り組んでいれば、何ら心配しないでいいようなことばかりである。ここで求められていることは、付け焼き刃的な準備では難しいものばかりである。

次に、離転職である。

バブル崩壊以前ならいざ知らず、就職活動における超売り手市場くらいのことで喜んでいられる時代ではなくなっていることを、まだ理解しない人たちがいる。

雇用構造の変化は、この状況を理解するのにまず押さえておかねばならないものである。

かつての日本的雇用と呼ばれた終身雇用や年功序列による雇用構造は、多かれ少なかれ崩れてしまっている。就職状況は超売り手市場となっても、就職後の離転職状況は今なお深刻な状況である。つまり、七・五・三と呼ばれた離転職の状況（三年以内に離転職をする人が中卒で七割、高卒で五割、大卒で三割という状況）は今も変わらず起こっている。

平均は大卒で三割でも、**図表2**に示すように、「宿泊業・飲食サービス業」「生活関連サービス業、娯楽業」「教育・学習支援業」では四〜五割の人が三年以内に離転職する。また、IT系の技術・研究職のビジネスパーソンは、専門職として仕事をしていけるのが30代半ばくらいまでともいわれる。良い会社や官公庁に就職できればそれで人生安泰などという方程式はとうに崩れてしまっている中、

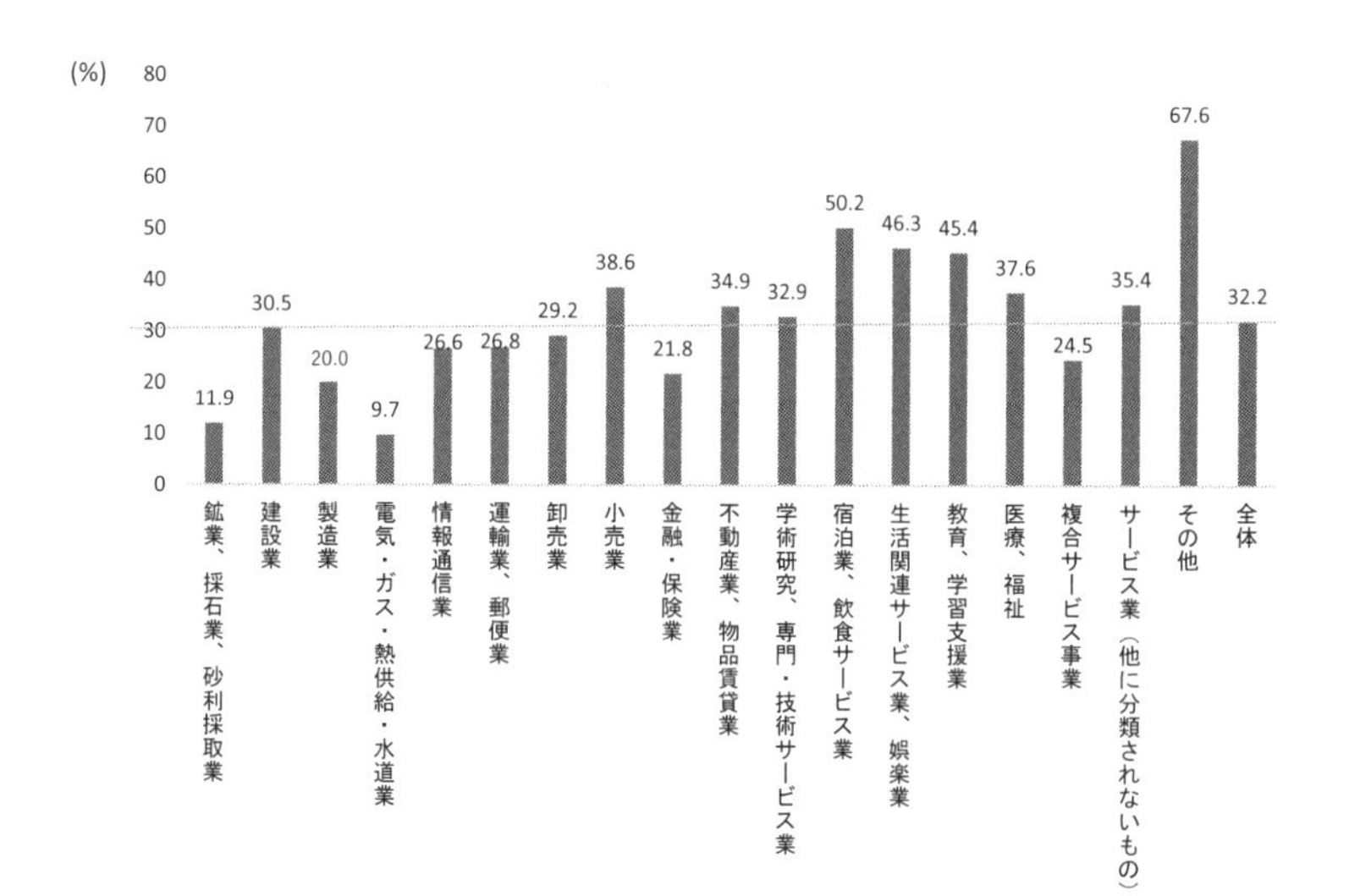

図表２　３年以内に離転職した新規大卒者（2014年３月新規大卒就職者）の全体・産業別割合

※厚生労働省ウェブサイト「新規学卒就職者の在職期間別離職率の推移」のデータより作成
https://www.mhlw.go.jp/stf/seisakunitsuite/bunya/0000137940.html

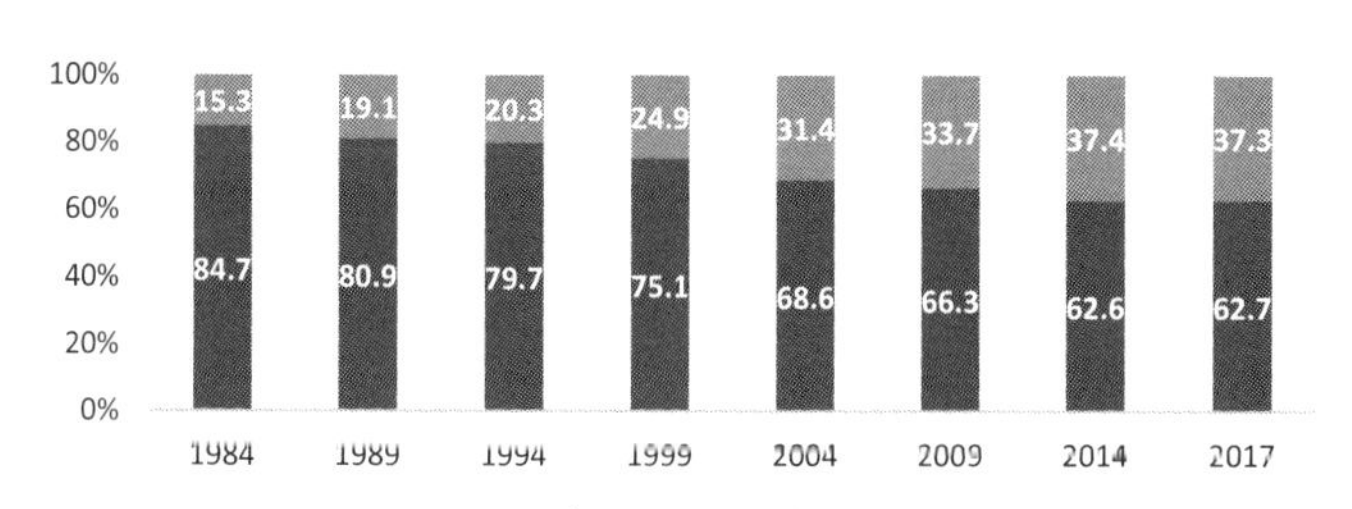

図表３　正規雇用と非正規雇用労働者の推移

※厚生労働省ウェブサイト「「非正規雇用」の現状と課題」のデータより作成
https://www.mhlw.go.jp/content/000179034.pdf

就職できたことだけで喜べる状況ではないということである。

バブル崩壊以前と違い、労働市場における非正規雇用の占める割合が相当高くなっていることも押さえなければいけないポイントである（**図表3**を参照）。与えられるルーチンの仕事を黙々とこなす人材（テストでの成績がよくても、グループワークができない生徒学生をここに重ねている）は、多くの場合、非正規として雇用されるだろう。ルーチンの仕事だからといって、その仕事は決してやさしいものではない。かつては正規雇用の従業員がおこなっていた仕事である。

近年正規雇用の従業員には、問題解決や新規事業、その戦略を考える仕事が求められている。ICTの技術がますます発展し、数少ないスタッフで多くの取引や予約、文書作成、事務処理がなされるようになっている。

AI（人工知能）の発展がすさまじいことも報道されるとおりで、それも併せてふまえ、今後はルーチンの仕事の中に、非正規雇用にさえ回ってこないものがあることも知っておく必要がある。否、この傾向はすでに起こっていることである。

さらに、少子高齢化・人口減少をはじめとして、さまざまな側面での日本社会の縮小が進んでおり、それに伴って新たな課題や問題が噴出している。[3]

これらの状況を少しでも考えてみれば、一人の頭や能力でどうにかなるようなものでないことはすぐにわかるはずである。答えのない課題や問題に対して、一人ひとりの持つ考えや知識、情報をくまなく外化し、ああだこうだと皆で頭を悩ませ、それでも前に進まない、問題が解決しないという中で、少し糸口が見えてくる。まずはそれをしてみようか、それで少しは前に進むかもしれない、そのような状況である。個の力も必要だが、皆で協働する力も必要である。対人関係の力が個の力に重ねられねばならない。

考えを述べられれば、それでいいというものでもない。他者（ひと）の話を聞かない、他者（ひと）の感情を考慮せずに思うことを言いたい放題言う等の、他者との関係性に開かれていない性格も問題である。

これらの人は、就職活動の選考過程について述べられたように、採用してもらえる確率は低いだろう。運よく雇ってもらえたとしても、職場で良い働きができない確率が高い。大きな仕事、プロジェクトチームから脇へと追いやられる話も幾度となく聞いてきたことである。

大学のキャリアカウンセラーから、力のある学生が知らずにブラック企業に入ってしまい、離職しないと命が危ないと助言している話を、何度か聞いたことがある。厳しい状況に直面しても、さまざまな事情で離転職を余儀なくされても、問題を克服して力強く前へ進んでいく、そのようなキャリア意識や資質・能力が求められている。アクティブラーニングやキャリア教育、資質・能力の育成、昨今進む教育改革や学習指導要領の改訂等、すべてはここに絡んでくる。

「おとなしい子でも、頭はいいから大学院へ行かせて学者にすればいい」という考えも、高等学校の教員からよく聞く話である。基本的に「その考えは捨てるべきだ」と忠告する。

決定的な理由は、大学人の仕事は研究だけではなく教育もあるからである。100人以上の学生を前にして、学生を惹きつけて講義をすることが求められる。

近年の大学教員の採用には、研究業績だけでなく、教育の力も見るために模擬授業を課す大学が増えている。「おとなしい子」がこれをクリアするかは疑わしい。

大学や学部にもよるが、一つの教員ポストに数十件から100件近くの公募書類が届き、一人を選考する。この一人に残るためには、相当の資質・能力を示さなければならない。示せても、他の応募者との比較において、容易に落とされることが珍しくない。

研究においても、学者は一人研究室にこもって黙々と本を読む、という研究イメージがあるのだろうが、そんなものは戦後か、その名残がまだ見られた昭和までの話である。

最先端の研究であればあるほど、文理を問わず、海外をはじめとするさまざまな研究者との共同研究（コラボレーション）となることが多い。学会での議論やプレゼンテーションで、自分の研究をアピールする必要もある。すばらしい論文は毎年山ほど出てくるが、読まれる論文や日の目を見る研究はほんのわずかである。共同研究グループの知名度やネットワーク無しに、良い研究が良い研究として認識されることは実際少ない。

研究室にこもって一人黙々といった研究がないわけではない。専門分野にもよる。しかし、その研究で大学の職に就ける人の数はきわめて少数である。少なくとも後々旧帝大の准教授か、教授として呼ばれるくらいのレベルが必要である。十代から国際的に賞を取ったり評価されていたりするなら、話は別である。そんな特別な才能や実績をもった人でさえうまく職に就けるかわからないようなものを、ごくふつうの生徒の進路やキャリア指導の指針にしてはいけない。

しかも、今大学は、少子化が進む中、全国的に数や規模を急速に縮小していて、私たち現役の大学人が生き残っていけるかどうかと、不安になるような状況にある。しかも、言い方は悪いが、地方や経営力の弱い大学の教員になると、手厚い学生指導やプロジェクト学習、受験者集めの高校まわりなどに多くの時間を費やし、研究などしている時間はなかなかない。多くの大学の給料は、大学院の博士課程まで五年以上かけて投資するほどに、費用対効果を得られる額ではない。35～40歳くらいまでは、特任助教や特任講師といった一～三年の任期付きの不安定な雇用を渡り歩いていくことも求められている。

大学教員とはこういう世界で仕事をしている人たちである。それを聞いて、「それでも大学院へ行って学者になりたい」と生徒が言うのであれば、「どうぞ、ご自由に」と言うしかない。芸能人やミュージシャンになりたいといって、親の反対を聞かない子供の話と似ている。

ここから先は個人のキャリアの問題であり、個人の責任である。親でなければ止める権利はない。

しかし、教師が「おとなしい子」の受け皿として学者を勧めるのであれば、それは「甘すぎる」「世界を知らない無責任な指導だ」という他はない。厳しい物言いに聞こえるだろうが、この現実は知っておかねばならない。

基礎的な学力、教養や専門的な知識は、仕事や社会的活動の基礎としてとても重要である。個の力と協働（対人関係）の力の両方が重要であると述べたとおりである。

キャリア意識やおしゃべり能力は高くても、書類に何かを書かせれば誤字脱字だらけ、モノを知らない、人の話を理解するだけの知識がないというのでは話にならない。これまで、そのような話も山ほど聞いてきた。「良い子なんですけどねぇ」と付け加えられるコメントが妙に悲しい。「良い子、元気な子というだけではダメだ」、いつも私の中でこだましている考えだ。

協働の力が弱ければトランジションの壁を乗り越えられないだろうと説くにしても、それは確率の問題であることも補足しなければならない。以上の問題がすべての生徒学生の未来に同じように降りかかるとまでいっているわけではない。どこかで何とかなるかもしれないし、途中で大化けするかもしれない。そのようなことが起こるなら、それは大いにけっこうなことである。

しかし、私のこれまで見てきた限りでは、そのようなことが起こるのは稀である。

10年トランジション調査の結果[4]を見ると、高校二年生秋頃には、仕事・社会へのトランジションに向けた資質・能力や学習態度はある程度仕上がってきていることもわかってきている。先々への期待はけっこうなことであるが、現実には、高校生や大学生のときに教室で見せる姿が多かれ少なかれ彼らの将来の姿でもあることを、頭のどこかで理解しておかねばならない。

小中学校、高等学校、大学のあらゆる学校種の教員に、この問題を抱える生徒学生にあれやこれやと指導や支援をして、そのうえで「私たちはできる限りのことを精一杯おこなったが、十分な姿で卒業させることができなかった。あとは上の学校、仕事・社会で引き続き指導や支援をしてあげてほしい」と言ってもらいたい。

能力の個人差は無視できない現実としてあるので、人をあらゆる側面において満点で育て上げることなどできはしない。しかし、「育てよう」とすることはできるはずであるから、そのようにいってくれると話は続けられる。

上記で紹介してきたように、多くの教員はおとなしい生徒学生や話の苦手な生徒学生を、それでも成績は良い、あるいは彼らの個性として認めてあげたい、どこか拾ってくれる会社がある、学者にすればいい等という理由をもって、育てる対象から確信犯的に除外している。私はここを問題としている。

小中学校から高等学校、大学へとトランジションリレー[5]をして、あらゆる学校種で将来の仕事・社会を力強く生きていく生徒学生を、一人でも多く育てたい。

何のための学校教育か、私たちはなぜ教師になったのか。生徒学生はなぜ学校で学ぶのか。

それは、生徒学生が将来力強く仕事をし社会生活を営めるようになるためではないのか。学力はそのためにあるのではないのか。生徒を良い大学に入れることが目的だと言い張るのなら、塾や予備校の教師になればいい。学校の教師である必要はない。

高校教員の中には、自分が教科の勉強を、大学を終えた後も引き続きしたいから、教師という職業は生活の糧として仕方なくしているものだ、という人がいる。論外だ。すぐさまその考えを改めるか、教員を辞めるかすべきである。生徒に失礼である。

大学教員は、教育も研究もともに職務であることを確認すべきだ。教育もおこない研究もおこなうことが求められている。それが大学教員に課せられる職務である。研究しかできない、したくないというのなら、教育のない研究所に移動すべきである。

二〇〇七年には学校教育法改正で、学力の三要素が規定された。そこで学力とは、基礎的な知識・技能の習得だけではなく、思考力・判断力・表現力、主体的に取り組む態度を身につけることまで含めて規定されている。[6] 大学人は、二〇〇八年の学士課程答申[7]で示された学士力(知識・理解、汎用的技能、態度・志向性、統合的な学習経験と創造的思考力)を当てはめて理解すればいい。

テストでの成績や受験学力は、主として、学力の三要素でいうところの基礎的な知識・技能の習得に相当するものであろう。問題解決力や議論する力（判断力・表現力）まで問うものは、あったとしても一般的ではない。結果、テストでの成績や受験学力だけでは、仕事・社会に力強く移行していけるだけの力を育てていないことになる。

もちろん、現実と理想の往還という問題は、この種の議論では常に前提である。大学に入れることもできない高等学校を中学生は受験しないだろう。同様に、就職に結びつかない大学を高校生は受験しないだろう。だからといって、受験と就職に特化するなら、前者は予備校と、後者は専門学校と名前を変えたほうがいい。

生徒学生の未来を考えて教育をしてほしいと願う。

それでは、対人関係の弱い生徒学生に対して教師はどのように取り組めばいいだろうか。あくまで私見であるが、たたき台として考えを述べたい。

この問題は、次の三つの観点に分けて取り組まれるべきものである。

（1）授業での学習目標として明示し、参加者全員の問題とすること

（2）「1」のエピソードで紹介した生徒学生のレベルは、個別指導で対応すること

（3）学校で組織的に取り組むこと

以下、それぞれについて説明していく。

3　授業での学習目標として明示し、参加者全員の問題とすること

（とくに話す・発表する等の）アクティブラーニングとそこで生じる対人関係は、（アクティブラーニング型）授業に参加するあらゆる生徒学生にとっての学習課題であり、それを（学習）目標として明示することが第一の作業であることを押さえよう。

対人関係の弱い生徒学生への対応を考える場合でも、まずは教授学習のクラス全体の問題とすることが重要である。というのも、ここでは対人関係の育成を、トランジションに繋がる学校教育の目的・目標とし、そのためのアクティブラーニング型授業で求める課題として検討しているからである。

対人関係の弱さそれ自体が問題であるなら、カウンセリングやコーチング等の方法で個別に支援すればよい。ここでは学校教育の問題として、教授学習のクラス全体の問題として検討しているのである。ここはしっかり分けて、押さえてほしい。

実際、対人関係を苦手としなくても、協働の作業を面倒くさがる生徒学生は少なくない。仲の良い友だちとは協働の作業に取り組めても、そうでない他の生徒学生とは取り組めないという人もいる。その結果は、対人関係の弱い生徒学生が協働の作業に十分に取り組めないという話と同じであ

る。アクティブラーニングにおける対人関係の問題は、このような生徒学生まで含めて、授業に参加する全員の問題（学習目標）としなければならない。

大枠をこのように設定できると、次の問題は、それをどのように生徒学生に伝え共有していくかである。

学習目標（対人関係）として設定されるものであるから、まずはシラバスへの記載がポイントとなる。その上で、学習目標をコースや学期のはじめの授業で伝える。

大学の授業における私語への対応を例にして、説明しよう。

私語で教室全体がすでに騒がしくなってしまっている授業で、「うるさい、静かに！」といくら怒鳴っても、それで静かになるのはせいぜい10分か15分である。時間が少し経てば、また騒がしくなる。また怒鳴る。これを繰り返す。

教師は授業に集中できない。「最近の学生は～」と学生のせいにすることもある[8]。学生の私語は問題だが、学生のせいにするだけではこの問題は解決しない。

私が問題だと指摘したいのは、当該の教師が、コースはじめの2～3回くらいまでの授業で、少数の学生が私語をするのを見逃してきたことである。火は小さいうちに消さねばならない。火が大きくなってから「うるさい、静かに！」といくら怒鳴っても手遅れである。わかりやすくいえば、その教師はすでに学生たちになめられているのである。

私もかつて非常勤先の大学の授業で、この手の問題を経験したことがある。もちろん、なめられてしまったからといってそれで注意しない選択肢はないが、すでに負けている戦(いくさ)をひっくり返すのは並大抵のことではない。

私語で騒がしくなることがわかっているなら、コース初回の授業で、学生たちに授業内でのルール、求める学習内容や予復習のしかた等、しっかりイントロダクションをすべきである。それにしたがって、私語をしているのを見つけた場合にはひるまず、間髪入れずに注意をする。ここが肝である。これくらいはいいかと見逃していると、火が大きくなって、始末できなくなるのはすでに述べたとおりである。

本章で問題にしている、アクティブラーニングの対人関係に関する「話す」「発表する」についても、考え方は同じである。

「話す」「発表する」が当該の授業で学習目標となっていることはもちろんのこと、学力の三要素の一部であること、深い学習に繋がること等々を、コース初回の授業でしっかりイントロダクションしておくのである。

高い能力や知識、考えを持っていても、話すこと、発表することが苦手だ、他者の考えをふまえて考えるのが苦手だというのでは、「2」で述べたように、大学で、あるいは仕事・社会で苦労する確率が高いことも伝えればよい。

繋ぎの説明も実践的ポイントとなる。はじめはよくても、2〜3週すると、生徒学生はだれてくるか、モチベーションが落ちてくる。

私の授業では、イントロダクションでは少し時間をかけて、話すこと、発表することの意義やアクティブラーニングのできることが学力の一要素であることを説く。将来求められる力であるのはもちろんのこと、授業内の学習においても有効な学習法であることを説く。話すことで、他者の考えや理解に触れることで、自分が理解しているかどうかを確認でき、自分の頭の中を整理していくことができると説くのである。

イントロダクションで用いた説明つきのスライドを、私は毎回授業の冒頭かアクティブラーニングをする手前のタイミングで示して確認するようにしている。同じスライドなので、示して確認する時間はせいぜい一分である。

おとなしい学生が努力しているときには大げさに褒めるようにしている。おとなしい学生の話を聞き出してあげることが、議論やリーダーシップの力になることもさまざまなタイミングで伝える。

前に出てきて発表のときには、発表者には、議論の3分や5分が長かったか、短かったか、議論ができたか、どのように過ごしたか等を訊き、話してもらう。取り得るあらゆる機会を利用して、質の高い話し方や発表の仕方を目指すことを促し、動機づけるのである。

コースの3分の1や真ん中では、話すこと、発表することについてのグループワークを1、2回入れるようにしている。話すときに工夫していることがあるか、つまずきをどのように克服したか等を学生同士で共有させる。話すこと、発表することが得意な学生でも、内容によってうまくできないことがあるから、そのようなときにどうしているのかを出してもらうのである。

グループワークで議論されたことは、振り返りでワークシートにまとめてもらう。次の授業でいくつか有用なものを選んでフィードバックし、全体で共有する。学生自身の工夫やつまずきの克服、その姿勢は、教師の一般的な説明以上に学生たちには響く。

こうして学生は少しでもうまく話すこと、発表することを目指して努力し、そのために授業内容により集中するようになる。授業外学習も課しやすくなる。さまざまな学習が連動してきて、理想的な学習状況となる。

4　話をするのが苦手という生徒学生への個別指導

話そうという意思はあるのだが、話をするのが苦手で聞いているだけ、あるいは話をしようとしても議論に入っていけない、そのような性格が問題となる生徒学生がいる。「1」のエピソードで紹介したような生徒学生である。

ここでは、「3」の授業論をふまえた上で、彼らへの対応を考えたい。学力の三要素やトランジションが標榜される以前は、多くの場合、見逃されていた生徒学生である。

そもそも話したり議論したりする機会が授業の中では少なかったから、彼らのそのような問題はほとんど露呈せず、たとえ露呈する場面があったとしても、「成績が良い」「おとなしい性格を認めてあげたい」といった理由で、教師は確信犯的に見逃していた。

このような生徒学生に、全体の場で名指しで指導したり助言したりするのは控えた方がいいだろう。その生徒学生が極度に不安を覚えたり苦しくなったりすることは、授業が安全・安心の場であるべきだという考えに照らして望ましいものではなく、教室全体の雰囲気も悪くなる。

だからといって、ある講師が研修会で説いていたような、

「話すのが苦手な生徒、イヤな生徒は、無理しなくていい。ひとりグループもありです。」

という対応でもないだろう。参加の教員たちはこれを聞いてほっとしていたようだったが、私は「違うだろう」とのどまで出かかった言葉を飲み込んだ。

しかし、このような考えはこの講師に限らず、ときどき耳にする。「教室が生徒にとって安全・安心の場である」というフレーズがその根拠として示されることもある。間違った使い方をしていると思う。学校の中では「ひとりグループもありだ」と言ってもらえても、仕事・社会でそれをいっ

てもらえる場は少ない。

まずは、「3」で述べた授業の学習目標として、参加者全体を鼓舞していくのが基本だと思う。これで、対人関係の弱い生徒学生が少しでも努力して話したり発表したりするようになれば、上出来である。

「話すことが苦手な人の考えを聞いてあげよう。引き出してあげよう。それも議論する力、リーダーシップの力になるよ」と説いて、生徒学生がそれをうまく理解して取り組んでくれればなお申し分ない。

おとなしい生徒学生のいることが他の生徒学生の能力発達にもつながる。仕事・社会にはさまざまな人がいるのだから、この状況は教育的に決してマイナスのものではないと考えたい。その上で、授業やクラスの中で指導・助言することが難しい場合には、機会を見つけて当該の生徒学生を個別に指導や支援することが考えられる。中学校・高等学校であれば、問題なくできるだろう。

大学でも、小さな学部・学科等の学生と顔の見える関係があるなら、可能である。生徒学生の状況を受容的に聞き、小さなことでいいから前へ進むための努力をするような指導・支援をするのである。

できれば、生徒学生から目標を挙げてくるのを辛抱強く待ったほうがいい。教師はすぐ助言をしてしまう悪い癖がある。

授業で「今日はどうだった?」とときどき声をかけてあげることも大事である。気にかけてもらっていると思うだけで嬉しくなって、頑張る生徒学生もいる。

もちろん、生徒学生の事情をふまえて、「この子は今は学校に来ているだけでも一分」「今はこの子に指導すべきタイミングではない」という現場の判断は重要である。「機が熟する」ではないが、私は無理に指導や支援をしていくことがいつも重要だと考えているわけではない。現場の判断を尊重したい。

しかし、対応を控える状況はいつまで続くのか。トランジションに向けたその生徒学生の学びと成長への関わりは次いつやってくるのか。そのまま卒業してしまったではないか。こう聞き返したくなるような状況があることも事実である。難しい問題である。

5　学校で組織的に取り組むこと――ガバナンスの機能

「3」「4」では、対人関係の問題について、一教員が授業や個別指導で取り組めることを示してきた。しかし、それらの前提として、学校（大学、学部学科、高等学校、中学校、以下同様）がさまざまなチャンネル（機会）を通して生徒学生、教員を鼓舞し、この問題を推進していくことが求められる。ガバナンスの機能が求められる。

生徒学生を教員個々人で育てるのではなく、組織的に育てるのが学校教育である。一部の教員だけが取り組んでも、それだけで生徒学生が学校の教育目的・目標（対人関係を含む、以下同様）に向かって努力するわけではない。学校全体で取り組まれる雰囲気の中で、生徒学生は努力し成長するのである。

この体制を作り運営していくのは、学長や学部長、学校長をはじめとする管理職である。その意味でのガバナンスである。

しかし、二〇年教育改革に関わってきた経験から考えて、力強いガバナンスだけで学校が変わっていくことはあまりないだろうともいわざるを得ない。難しいところである。

学校を変えるためには、生徒学生を直に教育・指導・支援する前線に立つ個々の教員が、このガバナンスに乗って本気になることが必要である。生徒学生は学校教育の主役だが、このレベルの議論では個々の教員も主役である。彼らが、学校の教育目的・目標との関連において、本気で生徒学生と対決していかなければ、とてもではないが、たとえば本章で問題としている対人関係の弱い生徒学生に対応していくことなどできはしない。

学校の管理職と個々の教員が同じ学校の教育目的・目標を目指して、ガバナンス、カリキュラム、個々の授業といったさまざまなレベルで、経験や成果を共有し議論していくことが必要である。

管理職も個々の教員も、それぞれの立場で学校の教育目的・目標の達成に向けて、一丸となって努力していくことが必要である。どちらかだけでは十分ではない。双方の努力が必要である。

対人関係の弱い生徒への対応にとどまるものではないが、以上をふまえた組織的な取り組みを具体的に考えてみよう。大学であれば学部や学科で、中学校や高等学校であれば学年単位で、オリエンテーションをしっかりおこなうことがまず重要である。

講話シリーズ第1巻（溝上，2018a）では、山形県の庄内総合高等学校の事例を紹介した。その学校では、入学時のオリエンテーションから学校全体でのアクティブラーニング型授業への転換を説き、それ以前には十分できていなかった生徒のアクティブラーニングへの身体化を促したのであった。

ここでは別の事例として、私が教育顧問をしている桐蔭学園高等学校での入学時オリエンテーションを紹介する。

高校一年生は登校初日のオリエンテーションで、四～六人のグループを作り、校内マップをもとに学校探検をおこなった。

これまでは、生徒はただクラス担任の教員に引き連れられて校内を歩き回るだけであったが、今年は学校探検として生徒に自由に回らせる方式に変更した。校内マップにはチェックポイントが描かれており、ポイントをすべて集めるように設計されていた。これからクラスの仲間になる生徒同士でグループを作り、生徒だけでわいわいがやがやと楽しく校内を探検したのである。

探検の後には、教室に戻って互いに自己紹介やクラス作りについて議論をおこなった。クラスによって方法はさまざまであったが、多くはプリントの項目（「自己紹介」「どんなクラスにしたいか」等）に自身の考えを書き込みグループ内で発表、前に出てきて発表（**図表4**を参照）、グループでまとめるという、個の作業→協働の作業を数回繰り返す作業をおこなった。個―協働―個の学習プロセス[9]というアクティブラーニングの定型パターンを、このオリエンテーションで早々と教えて身体化を促したのである。

別の日には、学年全体で学校生活や学習についての説明がおこなわれた。それを聞いた後教室に戻って、自身の高校生活や学習をどのようなものにしたいかを考え、同様にペアワーク・グループワーク、そして前に出てきて発表をおこなったのである。

次に大学である。

大学のオリエンテーションで有名なのは、立教大学経営学部である。入学するとすぐに、一泊二日の「ウェルカムキャンプ」と呼ばれるオリエンテーション合宿が実施される。オリエンテーションの目的は、1．経営学部の学びのスタイルに慣れること、2．人間関係の土台を作ること、3．大学生活の目標を明確化すること、の三つである。

これらの目的を達成するために話を聞くだけでなく、授業が始まったら実施される「ビジネス・

図表４　入学時オリエンテーションの様子（前に出てきて発表）（桐蔭学園高等学校）

図表５　立教大学経営学部ウェルカムキャンプの様子

リーダーシップ・プログラム（BLP: Business Leadership Program）」の授業形式（たとえば、グループワーク、相互にフィードバック、振り返り等）を体験したり、専門授業の導入講義や大学生活の目的を考えるワークなどを体験したりする。育てたい資質・能力がオリエンテーションを通して、徹底的に伝えられる。

　プログラムの作成・運営のほとんどを、先輩学生がおこなっているのも、ＢＬＰプログラムの特徴である。

しかし、その体制を構築し運用しているのは学部であり、教職員スタッフである。財政的な支援も相当なされている。その意味では、学部の教育目的・目標に沿った教育活動の一環としておこなわれているのであって、学生たちの自主活動ではないことに留意しなければならない。

今立教大学経営学部は、関東のトップ私学に並ぶ偏差値になっている。偏差値が高ければいいというものではないが、少なくとも高校生が入りたい人気の学部になっていることは確かである。

高校生は、立教大学が先にあって経営学部を志望するのではない。また経営学部が先にあって立教大学を志望するのでもない。BLPを実施している立教大学経営学部を志望して受験してくるのである。

オリエンテーションはあくまで導入である。それをふまえて、学校生活が始まってからの授業やカリキュラム等で、組織的なメッセージが随所に生徒学生に発信されねばならない。「3」で述べたとおりである。

大学であれば、コースシラバスに対人関係を含めた資質・能力を学習目標として記載し、アクティブラーニング型授業を実施する。パフォーマンス課題やルーブリックを用いたアセスメントをおこないながら、学習目標に基づいた成績評価をおこなう。

カリキュラムマップを作成し、学生の対人関係を含めた資質・能力を四年間(六年間)でどのように段階的・体系的に育てていくかを、科目間の構造化を通して図る。学位授与の方針に基づく学修成果の可視化を、学年ごとにアセスメントする。

　このように、授業・カリキュラム・アセスメント等、さまざまなチャンネルを通して学生を育てるメッセージを組織的に発していく。

　キャリア教育も重要である。キャリア教育においては、キャリアデザイン(将来の見通し)だけでなく、資質・能力(社会人基礎力)の育成も課題となっているから、キャリア教育の観点からも学生の対人関係を含めた資質・能力を育てていく。

　中学校や高等学校でも、授業、カリキュラム、キャリア教育についてはほぼ同じである。それ以外にも、ホームルームや学校行事(文化祭・体育祭・研修旅行等)もチャンネルの一つとなろう。

　中学校、高等学校には、「4」で紹介した個別指導も含めて、独自の教育空間がある。この度の学習指導要領改訂の用語を重ねれば、学校の組織的な取り組みは「カリキュラム・マネジメント」として推進が求められているものともいえる。

6　パーソナリティは変わりにくい

　「2」で、高校二年生秋頃には、仕事・社会へのトランジションに向けた資質・能力や学習態度がある程度仕上がっていることを、10年トランジション調査[4]の結果をふまえて述べた。

本節では、その資質・能力や学習態度等を背後で支えるパーソナリティが変わりにくいというパーソナリティ発達研究の知見を紹介する。厳しい現実だが、これは知っておかねばならない。

心理学では、性格は「パーソナリティ（personality）」と呼ばれて研究がなされている。若林（2009）は、パーソナリティを「各個人が認知している自己の行動や情動に現れる比較的安定したパターンについての心的表象であり、…（中略）…主観的には主に他者との違いとして認識されるものであるが、常に個人の行動になんらかの形で影響を与え、発達過程を通じて維持される」（315頁）ものと定義している。遺伝的な影響を受けつつ、環境（人やモノ等）への関わり、相互作用を通して発達するものである。

中学生・高校生のパーソナリティの変化を検討した研究は少ないが、オランダ人を対象にしたもので、中学生、高校生に相当する年齢期を一年間追跡調査したクリムストラ（Klimstra et al., 2009）の研究がある。彼らは、中学生では1時点目（T1）と2時点目（T2）の相関係数が r=0.43 であったが、高校生では r=0.72 であったことを報告している。パーソナリティ特性の安定性が中学生から高校生にかけて高まっていること、言い換えれば、変わりにくくなっていることを示唆している。

日本人データでは、畑野ら（Hatano et al., 2017）の研究で同様の中学生、高校生の追跡調査の結果が

次元（Domain）	下位次元（Facet）	T1とT2の相関係数(*r*) 中学生	高校生
神経症傾向（Neuroticism）	不安、敵意、抑うつ、自意識、衝動性、傷つきやすさ	0.61	0.68
外向性（Extraversion）	あたたかさ、群居性、断行性、活動性、刺激を求めること、肯定的感情	0.65	0.67
開放性（Openness to Experience）	空想、審美、感情、行為、考え、価値（への開かれ）	0.46	0.50
調和性（Agreeableness）	信頼、実直さ、利他性、応諾、慎み深さ、優しさ	0.52	0.58
勤勉性（Conscientiousness）	有能感、秩序、義務遂行、達成努力、自己鍛錬、慎重さ	0.57	0.64

図表6　日本人中学生・高校生のパーソナリティ特性の安定性

※パーソナリティ特性（次元･下位次元）の説明は若林（2009）表3.2（p.160）を参考に、データはHatanoら（2017）Table 1（p.124）より作成した。

報告されている。**図表6**に示すように、パーソナリティの次元によって異なるが、中学生で*r*=0.46~0.61、高校生で*r*=0.50~0.68である。若干ではあるが、高校生のほうがパーソナリティの安定性が高い。いずれの場合でも、高校生の年齢期でパーソナリティが変わりにくくなっている状況を示唆する結果である。

近年の研究では、パーソナリティの安定性（変わりにくさ）を前提としながらも、その安定性は決して完全なものではなく、成人期になっても年老いても、「調和性」や「勤勉性」は高まり「神経症傾向」は低くなるという結果が示されている。ひいては、パーソナリティは変化するのだと主張されるようになっている（Van Alen, Hutteman, & Denissen, 2011）。

しかし、そのような研究の流れの中でも「おとなしい性格」を逆向きに表すパーソナリティ特性「外向性」は変化しないか、あるいは落ちていくという結果が示されている（Donnellan, & Lucas, 2008; 川本他 , 2015; Leszko, Elleman, Bastarache, Graham, & Mroczek, 2016; Roberts & Mroczek, 2008; Terracciano, McCrae, Brant, & Costa Jr., 2005）。「おとなしい性格」にどう対応すればいいかに悩む教育関係者にとっては苦い情報である。

以上をふまえて、「おとなしい性格」の発達に関して少なくとも二つの実践的提言をおこなう。

第一に、小学校、中学校の関係者が、先々へのトランジションリレー[5]を見据えて、この問題をもっと自覚的に、積極的に取り扱うことである。

高等学校までそのような指導や支援を受けず、対人関係は弱いままでいいのだ、おとなしくていいのだと受容されてきた生徒を、高校生、大学生になってゼロベースで指導・支援するのは難しい。結果的には、できない姿を先々へと送っていくことになるとしても、はやい時期から、生徒が不安になったり苦しくなったりしない安全・安心を前提とした指導・支援をしていくことが望ましい。

第二に、図表6の結果で、1時点目（T1）と2時点目（T2）との相関が高いといっても、外向性の場合で r=0.67 であって r=1.00 ではない。すべての生徒学生が変わらないという結果ではない。変わっている生徒学生がいるからこそ、r=0.67 である。パーソナリティは変わりにくいとしても、変わらないわけではないという理解が重要である。

忍耐強く、この問題に取り組んでいきたい。

7　発達障害の診断を受けている生徒学生への対応

発達障害の生徒学生がクラスの中にいるアクティブラーニング型授業はどのようなものになるだろうか。診断を受けていなくても、その傾向が多少あると認められる生徒学生まで対象に含めて考えてみたい。

議論の前に、2点お断りである。

ここでの議論は、通級学級があまり整備されていない高等学校、ないしはそれに近い中学校での授業を対象とする。

近年小中学校では、障害者を含めた通級学級が法制度上整備されているが、ここでの議論は通級学級での授業や指導の仕方を論ずるものではないので、この点あらかじめ断っておく。

また、顔と名前がわからない中でおこなわれる大学のとくに講義科目で、この問題を考えていくことは基本的に難しい。それでも条件を分けて検討していけば、大学におけるこの問題に多少の風穴は開けられるだろうという見通しは得られるようになってきた。

承知のとおり、近年の大学では、たとえば視聴覚障害を持つ学生が受講学生の中にいる場合に、支援スタッフや学生が横について学習を補助したり、教師も黒板の書き方や配付物の字の大きさ、補助マイクを使用する等の配慮をおこなったりするようになっている。

発達障害あるいはその予備軍としての学生が、申告等によってあらかじめ支援を受ける対象として特定されていれば、ここで論じる高等学校での状況と類似してくる。大学での対応は、このような条件分けをして検討をしていく必要がある。ここでは、近い将来に改めて考えや取り組みを紹介しようと思っていることを述べるにとどめたい。

基本的ポイントとして押さえたいのは、教師は発達障害を抱える生徒に最大限の配慮をしつつも、彼らをグループワーク等の活動から引き離して一人にしないことである。私たちは、彼らが特別支援学校ではなく、一般の高等学校に在籍している事実を重く受け止めなければならない。彼らは、多少の障害を抱えながらも、他の健常生徒と同じように大学に進学し、仕事・社会へと出て行くことが多い。健常生徒と同じようにできないことがあっても、少なくとも同じように学習し、学校生活を送って成長してほしいという保護者の願いもある。

ソーシャルインクルージョン（障害者や社会から排除されている人たちを、社会の中で共に助け合い参加させていこうとする考え方）の社会になってきたとはいえ、社会には依然と厳しい現実が山ほどあるから、生徒学生は将来できるだけ自律的に仕事をし社会生活を営める大人になれるように、学び成長しなければならない。障害を抱えるからこそ、健常生徒以上に強く生きねばならないという見方もある。学校では「アクティブラーニングしなくていいよ」「一人でいいよ」と特別扱いをされても、仕事・

社会ではそうならない場面のほうが多いだろう。どうすればこの生徒を、少しでも自律的に仕事し社会生活を営める大人へと育てられるかを、みんなで考えなければならない。

発達障害に配慮するのは、このトランジション（仕事・社会への移行）の前提を最大限ふまえた上でのことではないか。ソーシャルインクルージョンには、障害者を社会に包摂するという考えだけでなく、みんなで障害者自身を支援し育てていくという考えも含まれていると思うのである。

もちろん、生徒の発達障害の程度によることであり、支援スタッフの補助があれば理想的であるが、そのような条件を仮に横に措くとして、教師が一授業内でできることは、基本的には上記で示した「3　授業での学習目標として明示し、参加者全員の問題とすること」と「4　話をするのが苦手という生徒学生への個別指導」である。

障害を抱える生徒にグループワークをしなくていいとは（絶対）いわない。すべきことは、他の生徒学生と同じように伝える。一歩でも二歩でもそこで課題に取り組む努力、話す努力を促すことが、授業外での個別支援を含めて必要である。

ワークシートベース[10]で取り組めば、このような生徒たちでも、書いたことを話すことくらいはできる。彼らができることを作っていくことが重要である。100点を目指さなくていい。30点が35点に、40点が50点になることを目指して、頑張ったことを褒めてあげればよいと思う。

グループの他の生徒にとって、障害を抱える生徒に話しかけたり話を引き出したりすることが、彼らの将来の仕事・社会に向けての力に繋がるとも説くべきである。

ソーシャルインクルージョンという考えの中で、排除しないだけでなく、関わっていく、協働していくことも重要である。将来の仕事・社会で障害を持つ人たちと一緒に仕事や活動をおこなっていくこともあるかもしれないので、そのようなトランジションに向けた学習ともしたい。


近年発達障害を抱える生徒がクラスに一人、二人いることは珍しくなくなっている。障害を持っていなくても、本章で問題としている対人関係やコミュニケーションの弱い生徒まで含めると、このような生徒たちがまったくいないクラスを想定するのは、現実的ではなくなっている。このような生徒が多くいる学校では、アクティブラーニング型授業を実施するのが難しいと悲鳴を上げている。

話をするのが苦手な生徒は、グループワークでストレスが高まり、不登校になることさえある。

話の得意な生徒でも、このような生徒たちとグループワークをすることで白けてしまったり、そのような生徒を無視して自分たちだけで作業をしたりしている。

話をするのが苦手な生徒は、聞くふりだけでもして何とか参加している雰囲気を一生懸命作っている。かわいそうで見ていられないときもある。「1」で紹介したエピソード1も似た場面である。

しかし、かわいそうだといっても、これがトランジション後の世界の縮図でもある。

このようなことは将来さまざまな場面で起こり得るから、ここで逃げても後で逃げることはできない。この厳しい現実を、私たち学校の教員は腹をくくって理解しなければならない。「2」の節タイトルである、「何のための学校教育か！」がここで絡んでくる。

最後に、発達障害を抱える生徒、あるいは対人関係・コミュニケーションの弱い生徒だけが手厚く配慮された結果、力のある生徒が十分に育たない授業というのも間違えていると思う。

この問題の中で教師には高度な関わりや技術、配慮が求められるが、教師という職業は専門職である。教育という空間の中でそれらが求められる以上は、それらを追究していくことこそ教師の専門職としての務めである。それは、たとえば企業における専門職としてのエンジニアに求められることと似ている。高度な技術がグローバル競争のもと進展する中、彼らには会社の生き残りをかけて智恵と創造が求められ、結果としての技術開発が求められている。できないといって前進するのをやめるならば、その企業は倒産するだけである。

全国の教師に、この状況下での奮起を期待しなければならない。

注

1　アクティブラーニングを端的に一語で置き換えると、それは書く・話す・発表する等の「外化」の活動を指す。外化を学習に繋げるために、認知プロセス(思考や判断等)、内化―外化―内化のサイクル等が併せて説かれる。詳しくは、溝上(2018a)あるいはウェブサイト「溝上慎一の教育論」(http://smizok.net/

education/）の「（用語集）内化・外化」を参照のこと。

2 学校から仕事・社会へのトランジション（移行）とは、昨今の学校教育改革が単なるより良い教育を目指しての改革ではなく、変わる仕事・社会に向けて学校教育の社会的機能を見直す改革であることを説明するものである。詳しくは、溝上（2014）とウェブサイト「溝上慎一の教育論」（http://smizok.net/education/）の「（理論）学校から仕事・社会へのトランジションとは」を参照のこと。

3 少子高齢化・人口減少をはじめとする日本社会の縮小と、それに関わる学校教育（改革）の問題は、「変わる日本社会」として溝上（2018a）で論じている。

4 京都大学高等教育研究開発推進センターと学校法人河合塾との共催で、二〇一三年より全国約400校、4.5万人の高校二年生を約10年間追跡する「学校と社会をつなぐ調査（通称：10年トランジション調査）」のことである。主な結果は以下の通りである。

（1）大学一年生の資質・能力、学習、キャリア意識が、高校二年生のそれに大きく影響を受けている。

（2）大学一年生の半数の資質・能力は高校二年生のときから変わっていない。

（3）学び成長する大学生のキャリア意識の高いことが、高校生から大学生にかけて構造的に認められる。

同様の結果は大学二年生までの分析においても、同様に認められている。詳しくは、溝上責任編集（2018）、あるいはウェブサイト「溝上慎一の教育論」（http://smizok.net/education/）の「（講話）高校生の半数の資質・能力は大学生になってもあまり変化しない―10年トランジション調査」を参照のこと。

5 トランジションリレーとは、注4で示したような資質・能力の発達の難しさをふまえて、小学校から大学まで、他の学校を含めて、あらゆる学校種の関係者が共通の目的として、トランジション課題を理解し、それぞれの段階で子ども・若者を精一杯先々の仕事・社会を見て育て、バトンを上へと渡していくという考えのことである。詳しくは、溝上（2018a）、あるいはウェブサイト「溝上慎一の教育論」（http://smizok.net/education/）の「（講話）現場の改革に繋げよ！—学習指導要領改訂（案）に対するコメント」を参照のこと。

6　ウェブサイト「溝上慎一の教育論」（http://smizok.net/education/）の「（用語集）学力の三要素」を参照のこと。

7　中央教育審議会『学士課程教育の構築に向けて（答申）』（二〇〇八年一二月二四日）

8　「最近の学生は～」の問題は、「大学生の生徒化」の問題としても議論されている。溝上責任編集（2018）の「リプライ」（144～160頁）で、この問題を歴史的に位置づけて考えを述べたので、関心のある読者は併せてお読みいただきたい。

9　個—協働—個の学習サイクルとは、グループワーク等の活動（協働）の前に、個で考えや理解を書き出させる活動を入れること、活動（協働）のあとに振り返り、用語や概念の確認、定着等の個の学習を入れること、それらを繋いで個と協働のサイクルを回すことで、活動をしっかりとした（深い）学習へと繋げていくことを指す。詳しくは、溝上（2018a）、あるいはウェブサイト「溝上慎一の教育論」（http://smizok.net/education/）の「（桐蔭学園の教育改革）個—協働—個の学習サイクル（関谷吉史）」を参照のこと。

10　グループワークに入る前に、まず個の考えや理解を書き出させるワークシートをベースにして、アクティブラーニング型授業を個—協働—個の学習サイクル（注9を参照）で構築するという提案。溝上（2018a）、あるいはウェブサイト「溝上慎一の教育論」（http://smizok.net/education/）の「（講話）ワークシートベースのアクティブラーニング型授業にする」を参照のこと。

第2章 現場の疑問から学習論を発展させる

講話シリーズの目的の一つは、「はじめに」で述べたように、中学校や高等学校、大学等の学校現場に関わって私が考えること、感じることを自由に論じることである。また、学校現場で起こっている個別的な問題や疑問を具体的に考えることから、これまで説いてきた理論や概念を確認したり発展させたりすることである。総じて、実践に通ずる理論を仕上げていこうとするものである。

本章では、「基礎知識を「習得」してからでないとアクティブラーニングはできない?」をはじめとして、九つの議論をおこなう。

1 基礎知識を「習得」してからでないとアクティブラーニングはできない?

教員からよく受ける質問に、「基礎知識を学んでからでないと、アクティブラーニングはできないと思いますが、どうでしょうか」というものがある。主な理由は、基礎知識もない中でアクティブラーニングをさせても、表面的な話し合いがなされるだけで時間がもったいないというものである。まずは、講義で基礎知識を教え、それを習得してから「さあアクティブラーニングだ！」というわけである。ここでの「アクティブラーニング」は、習得された知識・理解を「活用」するという問題演習的な色彩が強い。

この質問への回答は「否」である。

たしかに活用型の学習にアクティブラーニングは大いに向いている。しかし、先進的な学校や教員の間で取り組まれているアクティブラーニングの多くの実践は、むしろ習得におけるものである。それは、深い学習を促すためのものである。

学術的に見て、「深い学習（deep learning）」の代表的な論は、マルトンら（Marton & Säljö, 1976）の「学習への深いアプローチ」である。彼らは、知識が単独で棒暗記のように記憶されるのではなく（これが「浅い学習（surface learning）」の定義である[11]）、さまざまな知識や経験、考えとの関係の中に関連づけられ構造化される学習の重要性を説いた。

事物と事物を関連づけることは、意味を求める行為である。意味の原義は「繋がり（connection）」にあり、私たちはこれまで繋がっていなかったものが繋がったとき、「ああ、そうか」「やっと意味がわかった」と言うのである。

ただ繋がればいいというものではないが、基本的なところで、深い学習の初発の原理は「繋がり」

にあるといえる。深い学習論では、これを「関連づけ（association）」と置き直している。

真正なアセスメントや逆向き設計で知られるマクタイら（McTighe & Wiggins, 2004）は、理解を「説明」「解釈」「活用」「パースペクティブ」「共感」「自己知識」の6側面から総合的に捉えた。浅い学習では、「活用」はいうまでもなく、「説明」したり「解釈」したりすることはできない。そもそも自身の世界の他の知識や考えと関連づけられていないのであるから、浅い学習では、自身の「パースペクティブ」で物事を捉えることなどできるはずがない。もちろん、「共感」をするだけの感情もわき上がらない。これらを満たしていくためには、やはり深い学習が必要である。

誰がどのように説いても、知識を既存の知識や経験、疑問と関連づけて、見方（フレーム、パースペクティブ）を作りながら、時に修正しながら深い学習にしていくことは、学習を自分のものにしていくために重要な作業である。その深い学習を生徒に求めるならば、外化としてのアクティブラーニングが必須である。外化なしに、習得すべき知識と自身の頭の中にある知識や考えを関連づけることなどできはしない。

関連づけようという活動がなされるからこそ、うまく関連づけられずに理解していないことがわかったり、うまく関連づけられずに疑問が生じたり、関連づけるためのフレームが間違えていたりすること（誤概念・素朴な概念）に気づくのである（本章「6」の議論も併せて参照のこと）。

学習指導要領改訂に向けての答申[12]で、「主体的・対話的で深い学び（アクティブ・ラーニング）」が提示された。そこで「深い学び」は、次のように説明されている。学術的に説明した上記の深い学習に近い説明である。

深い学び　習得・活用・探究という学びの過程のなかで、各教科等の特質に応じた「見方・考え方」を働かせながら、知識を相互に関連づけてより深く理解したり、情報を精査して考えを形成したり、問題を見出して解決策を考えたり、思いや考えを基に創造したりすることに向かう学び。（傍線部は筆者による）

この説明の中で傍線部は、習得の学習として求められる深い学習を説いている。そして、傍線部以降は、習得だけでなく活用・探究として求められる深い学習を説いている。こうして、習得・活用・探究という学びの過程を、深い学習の観点から総合的に説いているとまとめられる。

深い学習は、改訂版タキソノミーの用語を用いれば、「記憶する」「理解する」「活用する」「分析する」「評価する」「創造する」といった認知的な操作を駆使する学習でもある（石井，2011, 2015）。この認知的な操作を駆使する過程、すなわち「学びの認知プロセス」こそがとくに思考力や判断力に関わる資質・能力を育成する原資となる。逆にいえば、資質・能力を育成するには、深い学習が必要である。

簡単にできる習得におけるアクティブラーニングは、理解を確認するペアワークである。講義を聴いてなるほどと思っても、自分の言葉でいざ説明となると、うまく言葉で表せないものである。

「自分の言葉で説明する」というのは、自身の頭の中にある知識と知識、事象と事象とを繋いで筋を作ることである。これが、前述してきた「関連づける」という活動であり、書く・話す・発表する等の外化としてのアクティブラーニング[1]の基本的特徴である。

図表7は、私の講義でのペアワークの場面である。

講義をいくつかのユニットに分割して、ユニットごとに一人一分の時間を与えて、「今聴いた講義の内容を、自分の言葉で横にいる人に説明しよう」と伝えるのである。簡単に実施できるものなので、私は講義科目で多用しており、大学教員向けのアクティブラーニング研修でもいつもお勧めしている。

地頭が良く、しかも講義に動機づけられてしっかり聴いている京大生でさえ、「自分の言葉で説明するとなると、難しい」といつも振り返りに書いてくる。前述したマクタイらの理解の一側面（自分の言葉で）「説明する」を、この簡単なペアワークで実現できる。

深い学習を直接的に目指すものではないが、習得におけるアクティブラーニングはさまざまな教

図表7　理解を確認するペアワーク
※私の授業 京都大学全学共通科目（自己形成の心理学 主に大学1・2年生対象）

科、場面で実施されている。

図表8は、乾菜摘教諭（帝塚山学院中学校高等学校）の高校二年生を対象にした「コミュニケーション英語Ⅱ」の授業におけるペアワークの場面である。自分の経験や日常生活の場面を用いて英作し発表し合うという活動に仕上げることで、基礎的な表現や文法をより定着させる習得の学習となっている。

この日の授業では、例文をもとに単元で学んだ表現・文法を使って英作をするという学習をおこなった。

上の写真は、生徒が書いた英作の一例である。下の写真は、各自が作った英文をペアワークで発表している場面である。お互いに気づいた間違いを訂正するという作業も、教師から指示されていた。コミュニケーション英語の授業であることから、発音の仕方も細かく指導されていた。

発表した英文を録音して、教師が内容・発音・明瞭さ・

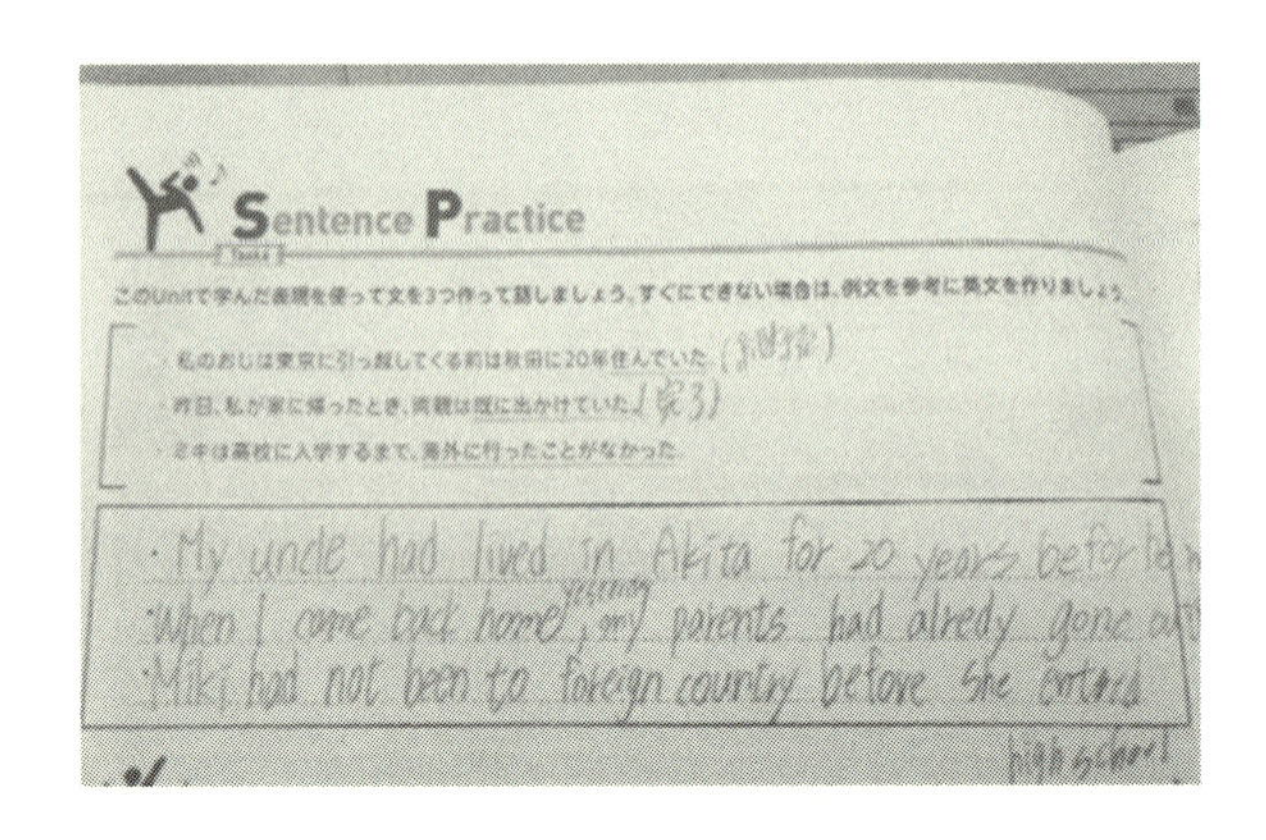

図表８　習得におけるアクティブラーニングとしてのペアワーク

乾菜摘教諭@（大阪府私立）帝塚山学院中学校高等学校（コミュニケーション英語Ⅱ　高校２年生）

※溝上（2018a）、図表10（p.28）の再掲。授業の詳細な報告は、溝上慎一の教育論（http://smizok.net/education/）の「（AL関連の実践）アクティブなインプット学習から協働学習につなげる授業」で紹介している。

速度の評価規準に従ってアセスメントもしていた。生徒一人ひとりが熱心に課題に取り組む、総合的にすばらしい授業であった。

2　アクティブラーニングは「学力」下位層に向いている？[13]

これもよく受ける質問でありコメントである。答えはこれも「否」である。

もし私がそう思っているなら、京都大学でアクティブラーニング型授業をおこなうはずがない。彼らにこそ必要だと思うくらいの気持ちでいるからこそ、おこなっているのである。

私は、学力を「学校教育での学習やさまざまな活動を通して身につける、大人になって仕事をし社会生活を営むために必要な知識や資質・能力のこと」と見なしている。要は、学校から仕事・社会へのトランジション[2]のために、学習や活動を通して身につけるもののことである。

節タイトルの質問の「学力」は、テストや高等学校・大学の偏差値的な序列による、主としてペーパー学力なるものを指している。私の理解する学力とは区別したいので、ここではこのペーパー学力なるものをかぎ括弧を付けて「学力」としておく。

質問への私の回答は「否」だが、ここで議論しておきたいのは、なぜ多くの教員はアクティブラーニングが「学力」下位層に向いていると考えるのか、ということである。これを考えることは、アクティブラーニングを通して育てたいものを確認するのに一考の価値がある。

この教員たちのいう「学力」下位層は、受け身の座学ではしっかり学ばない、学べない生徒学生である。講義をぼうっと聴いていたり居眠りをしたりするくらいなら、活動をさせて、主体的に学ばせた方が良いと教員は考えている。

しかし、この理解が間違えている理由は、アクティブラーニング論が実践的に座学を否定するものではないことにある。むしろ、共存をはかって学習を発展させようとするものである。それを示すのが、「アクティブラーニング型授業[14]」という概念である。

アクティブラーニング型授業とは、単元や学習目標に応じて、講義＋アクティブラーニングの組み合わせをバランス良く実現していく授業形態のことである。この考え方のもとでは、講義は否定されるどころか、むしろ単元や学習目標によって推奨されるものである。

学習目標によっては講義がなされるべきであり、学習目標によってはアクティブラーニングがなされるべきだという考え方である。双方のバランスある組み合わせが求められている。

学力がトランジションを実現するための知識や資質・能力を身につけることにあるのであれば、座学は必要不可欠である。なぜなら、大人になっての職場や社会生活においても、座学は研修や講演会等の中で少なからず存在するからである。

大人になって必要とされる座学ができないというのであれば、それは学力がないことを意味する。

座学は、「学力」下位層の生徒学生にも必要なものである。

もちろん、「学力」下位層が、座学だけでは集中して講義を聴くことができず理解が十分に至らないという実情がある。そこで、アクティブラーニングによって自分の頭で考える活動を入れることで、座学がその相対としてより理解されるものになる、充実した時間になるというのであれば、それはすばらしい授業戦略である。しかし、この授業戦略は「学力」下位層に対してだけではなく、講義を集中して聴くことのできる「学力」上位層に対しても有効なものである。

要は、アクティブラーニング型授業（講義＋アクティブラーニングのバランスある組み合わせ）によって、より質の高い学習が実現されることが本質的に重要であり、この意味において「学力」上位層・下位層の別はないということである。

3　進学校の教師は枠に到達する学習で満足するのではなく、枠を越える学習まで促す！[15]

（大阪府立）岸和田高等学校で取り組まれているアクティブラーニング型授業を紹介しよう。

岸和田高等学校は、大阪府で「グローバルリーダーズハイスクール（ＧＬＨＳ）」に指定されている府立のトップ進学校の一つである。二つの授業を紹介しよう。

一つは、重野金美教諭の「コミュニケーション英語Ⅰ」（高校一年生対象）の授業である。

図表9は、ストーリー・リテリングを通して、「読むこと」から「話すこと」（外化）へ繋げる形でアクティブラーニングが導入された場面である。教科書本文を読んで終わりにするのではなく、教科書で学ぶ内容や語彙、文法を発表語彙（話せる・書ける語彙）にまで高めることが目指されていた。加えて、図表の右側の生徒に見られるように、相手の発表をスマートフォンの動画で撮り、声の大きさ、流暢さ、十分な情報が入っているか、相手を意識して話しているか等を振り返られるようにもしていた。

図表10は、ジグソー法を用いたアクティブラーニングの場面である。生徒たちは、最初に与えられた英文の課題について自らの意見を作り、他者と意見交換をした。その後ジグソー法で、その課題についての４つの解決策を一人１パートで担当し、英文で考えをまとめた。

次に四つの解決策のうちどれが最良かについてグループで議論し結論を出した。最後に他のグループのメンバーに自分のグループの結論を英語で伝え新たな視点に気づき、個人で再び同じ課題について考え、自らの意見を英語で表現するという流れで学習が進められた。

ジグソー法をうまく用いたアクティブラーニングになっていることもさることながら、アクティブラーニング型授業の基礎的ポイントである個―協働―個の学習サイクル[9]がしっかりと回っており、（個・協働の）活動からしっかりと個の理解や深い思考へと落とし込まれている流れに、技巧的

図表９　ストーリー・リテリングと動画での振り返り

重野金美教諭＠（大阪府立）岸和田高等学校（コミュニケーション英語Ⅰ　高校１年生）

※授業の詳細な報告は、溝上慎一の教育論（http://smizok.net/education/）の「（AL関連の実践）“対話”で深め“再話”で高める４技能統合型授業」で紹介している。図表10も同様。

なデザインが垣間見える。

　もう一つの授業は、五味智子教諭の「物理基礎」（高校一年生対象）の授業である。

　図表11は、波動の演示実験で縦波・横波を見せた場面である。そこでは、生徒の一人が波を作って教師に送る。教師は他の生徒に波の特徴を発言させる、ということがおこなわれた。非常に盛り上がった場面の一つであった。

　図表12は、問題演習を、まなボードにまとめながらグループワークをおこなった場面である。

　ほとんどのグループは、図表の上写真のように、ある生徒が書いて他の生徒は逆側からそれを見るという形で作業していた。偶然であろうが、１グループだけみんなが見えるようになボードを立てて議論していた（図表の下写真）。すばらしかった。進学校では、このような際立っ

図表 10　ジグソー法を用いた個―協働―個の学習サイクル

重野金美教諭@（大阪府立）岸和田高等学校（コミュニケーション英語Ⅰ　高校 1 年生）

図表 11　波の動きを演示実験

五味智子教諭＠（大阪府立）岸和田高等学校（物理基礎　高校１年生）
※授業の詳細な報告は、溝上慎一の教育論（http://smizok.net/education/）の「（AL 関連の実践）他者との議論を通じた学びの深化」で紹介している。図表 12 も同様。

た技能を示す生徒をときどき見かける。

大学生でも教師から指示が与えられなければ、たいていは図表の上写真のようになるが、グループワークの質を高めたければ下写真のように指導をおこなうか、まなボードを正面から見るような位置に椅子を移動させることを促したほうがよい。仕事・社会で同様の場面は多くあるので、このような機会に仕事・社会をにらんだ技能として学ばせたい。


進学校の事例として岸和田高等学校の二つの授業を紹介した。

進学校の授業を見学すると、一般的に生徒は教師の指示によく従い、美しい秩序が見られて感動することが多い。とく

図表 12　まなボードを用いてグループワーク
五味智子教諭@（大阪府立）岸和田高等学校（物理基礎　高校 1 年生）

に、進路多様校や職業系等の非進学校で、生徒が教師の指示に十分に従わず、アクティブラーニングに対する身体化を促すところから始めなければならない授業[16]を立て続けに見た後では、ひとしおの感動がある。

しかも、図表12の下のように、教師からの指示がなくても、自分たちで際立った技能や態度を示してより高いレヴェルの学習にもっていこうとする生徒も見られる。見ている方が興奮するくらいで、さすが進学校だといわざるを得ないほどである。

それはけっこうなことなのであるが、他方でここに進学校の落とし穴があるともいえる。

そもそも、進学校の生徒というのは、アウトサイドインによる適応力が高い傾向がある。アウトサイドインというのは、外側（アウトサイド）に準拠点があって、内（イン）なるものを外側の準拠点に合わせる力学のことである（溝上, 2010）。自分が何かをしたいという内なる欲求（内発的動機）がはじめにあるのではなく、外側（アウトサイド）から求められること、期待されることがはじめにあって、それに自身を適合（イン）させていくのである。「適応（adjustment）」とは、まさにこのアウトサイドインの力学のことを指す。

進学校の生徒の多くは、これまでアウトサイドインの力学で人生を生きてきて、多かれ少なかれ達成感や成功体験を持っている。言い換えれば、教師が求めること、期待することを読み取り、それに合わせることは彼らの十八番である。

進学校の授業で、始めたばかりのアクティブラーニング型授業が多かれ少なかれすぐにうまくいくのは、生徒が教師に合わせるからであって、必ずしも教師の授業力が高いからではない。生徒が合わせることで、教師と生徒の関係性、生徒のアクティブラーニングに対する身体化が成り立っているのである。

同様に考えて、進路多様校や職業系等の非進学校で、生徒が教師の指示に十分に従わない、その結果アクティブラーニング型授業が形だけの活動に終わることが多いのは、生徒のアウトサイドインの力（適応力）が弱いからである。それが学力の低さということでもある。

他県の進学校で、まだ学校全体でのアクティブラーニング型授業の推進が始まったばかりの頃、ある授業で、ペアワークを誰とするかという指示がなされないまま、「はい、ペアワーク！」と教師が発した場面をよく思い出す。

驚いたことに、生徒たちは一瞬混乱しながらも、周囲を見渡し縦横無尽にペアを探し始めた。三人グループになっているところもあったが、何とかペアワークが始まった。生徒たちの、教師の期待を読み取りそれに応えるアウトサイドインの力に感動した一場面であった。

しかしながら、生徒のアウトサイドインの力に依存する授業は、どこかで問題を起こす確率を高める。

この事例でいえば、全体的にはペアワークは活発になされたが、よく見るとクラスの六、七名はひとりで他のことをしておりペアワークに参加していなかった。授業が教師の期待どおりに進まず崩れていくときというのは、こういう場面を放っておいた後に生じることが多い。だから、教師の授業力だという話をするのである。

第１章「３」で紹介した、コースはじめの二〜三人の私語を見逃したばかりに、その後クラス全体の私語で騒然となって収拾がつかない大学の授業でも、これと同じ構造で問題が生じている。

岸和田高等学校の山口陽子校長は、重野教諭や五味教諭をはじめとする先生方のアクティブラーニング型授業の取り組みを高く評価し、あたたかい眼差しで支援している。その山口校長が、岸和田高等学校の課題だと述べるのは、まさに進学校の生徒の特徴をふまえてのものである。彼女は次のように述べる。

「熱心に学んでいるように見えても、板書を写すだけ、発問を聞き流すだけ……。自分の頭で考えていない受け身のままの生徒が一定数いる。心を揺さぶるような気づきや学びたいという欲求が刺激されずにいる。

多くの生徒が、塾で敷かれた受験勉強のレールに乗っかって、疑うこともなく、与えられたものを右から左にこなしていくことが勉強だと捉えている。驚くほど教員の指示に素直である。

これでは、高校での学習とはいえない。

「なぜ」「なんだろう」「もっと知りたい」「もっと伝えたい」という気持ちが、生徒の心に芽生える、自分の頭で考える授業を、先生方は生徒と一緒に作ってほしい。

究極のＡＬ型学びと捉える『課題研究』を教育課程に位置づけて取り組んでいる。この手法を全教科科目に広げようとしているが、学校の教育活動全体で有機的に関連しながら行われることで、生徒が、自ら学びに向かい、考え、自分の可能性を広げ、21世紀の社会で貢献できる資質・能力を獲得することが課題だと考えている。」

私は、山口校長の指摘するこの課題こそが、全国の進学校に共通するものだと思う。

進学校の教師は、アクティブラーニング型授業で、生徒が指示に従い、アクティブラーニングが活発になされたくらいのことで満足してはいけない。あらゆる種類の学校の課題であることはもちろんだが、とくに進学校では、生徒の学習の質を高いレベルでアセスメントする必要がある。そのためにもアクティブラーニングに取り組んだ後は、振り返りやワークの結果をワークシート[10]等に書かせて提出させ、生徒がどのような質の学習をおこなったかをアセスメントする必要がある。

一人、二人の生徒に発表をさせて、学習の質を多少は見ることはできても、それで全員の学習を見てとることはできない。グループワークを机間巡視しても、一人ひとりの思考のステップを追えるわけでもない。

こうしてさまざまな状況を考えて、結局はワークシート等に考えたこと、議論したこと、振り返りを書かせて、その内容をもって学習の質をアセスメントするということになる。

進学校における質の高い学習とはどのようなものであろうか。私は、それは学習パラダイムに基づく個性的な学習にあると考える。

学習パラダイム[17]とは、教授パラダイムに相対するものである。

教授パラダイムが「教員から学生へ」「知識は教員から伝達されるもの」を特徴とするのに対して、学習パラダイムは「学習は学生中心」「学習を産み出すこと」「知識は構成され、創造され、獲得されるもの」を特徴とする。

学習パラダイムを提唱したタグ（Tagg, 2003）自身が述べるように、教授学習の活動全体を見渡したとき、両パラダイムは決して二項対立の関係にあるものではない。教授パラダイムに基づき、講義で学生に知識を伝達する時間はあってよく、その時間はこのパラダイム転換によって否定されてはいない。

タグが「学習パラダイムは（教授学習の）活動の場を拡げ、教授パラダイムを越えたところに私たちを移動させるのである」（37～38頁、カッコ内は筆者が挿入）と述べるように、学習パラダイムは教授パラダイムを基礎として、教授学習活動を豊かに拡張、発展させるものである。

タグの説く力学的特徴を図示したものが、**図表13**である。

学習パラダイムにおいては、教授パラダイムの枠を越えるという意味での個性的な学習成果が求められる。授業やカリキュラムとして、組織的に学習目標（知識や資質・能力）は設定されるにしても、そこで設定される内容や程度は、あくまで生徒たちが共通して到達すべき、必要最低限の目標（minimum requirement）にすぎない（＝教授パラダイム）。

生徒は、組織的に設定された最低限の目標に到達するのみならず、それを越えて、また教授パラダイムの枠を越えて、個性的に学習成果をあげることが期待される。

進学校で求められるのは、教師の設定する枠（生徒全員にとっての共通の学習目標）をふまえつつも、他方で、アクティブラーニングによってその枠をどれだけ越えるかという個性的な学習にある。

個性的といっても、学術的な活動のように、新奇性や独自性（オリジナリティ）を問うような特別なものを指すわけではない。課題への取り組みや問題解決を通して、個人が持つ既有知識や素朴な疑問、概念等と繋げて関連づけ、本章の「1」で述べた深い学習にして、その意味での個性的な思考や理解を生み出すことを指している。これらは、まさにアクティブラーニングが求めていることである。

情報化がこれだけ進んだ今日の社会において、さらにはＡＩ（人工知能）がますます発達してくる

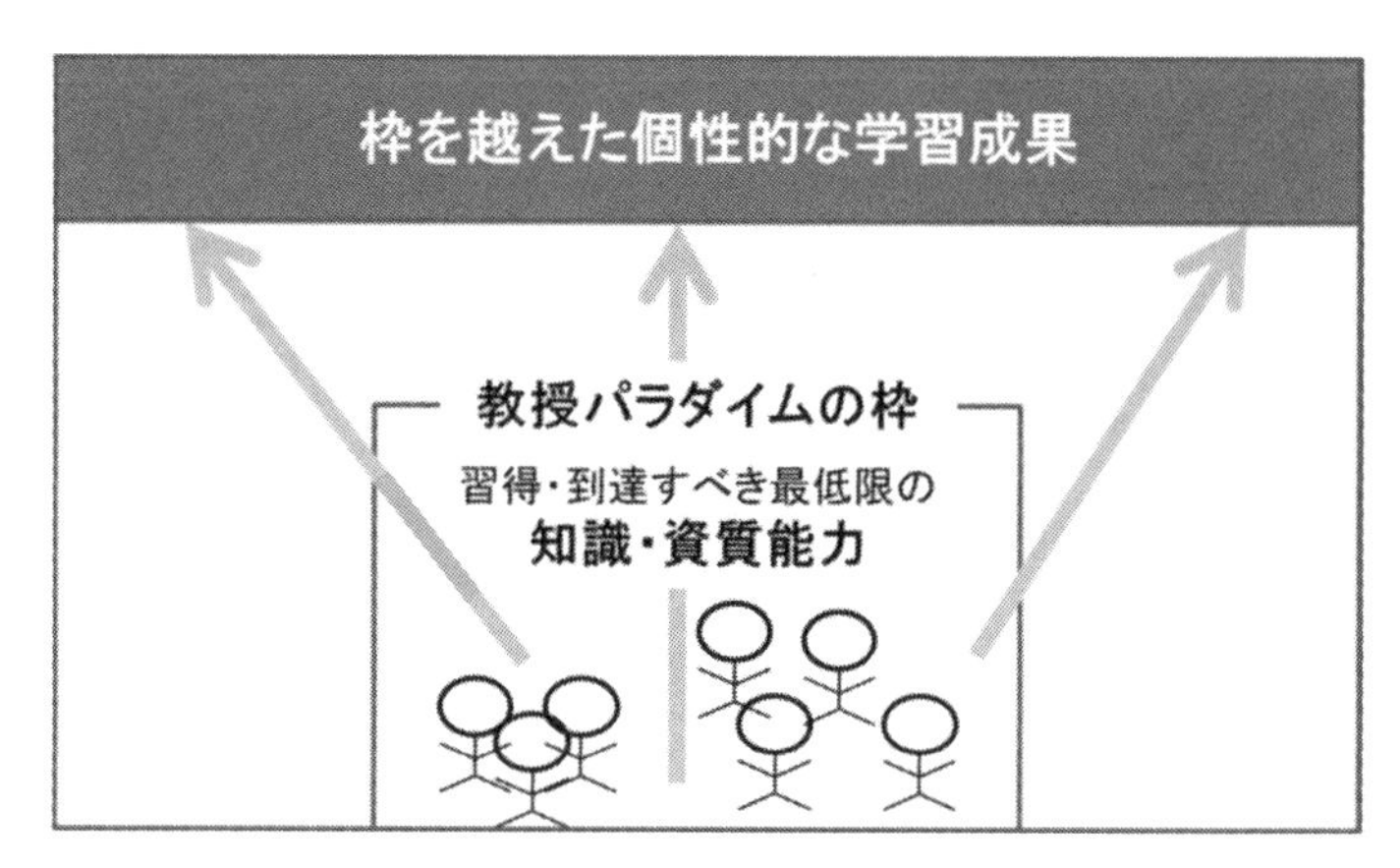

図表 13　学習パラダイムに基づく枠を越えた個性的な学習成果
※溝上（2017）、図表 2-2（p.22）を改変。

近未来の社会において、正解のある埋解や思考は多かれ少なかれコンピュータやＡＩがおこなっていくことになるだろう。正解のある理解や思考というのは、図表13に基づいて、教授パラダイムの枠に到達する学習のことであり、正解探しの学習に相等しい。

進学校の生徒に限った話ではないが、進学校の生徒はとくに、枠に到達する学習を越えて、どれだけ個性的な思考や理解を示せるかが授業の中で期待される。

アウトサイドインの力に長けた生徒たちを相手に、枠に到達する学習くらいのことで満足してはいけない。それがトランジション[2]を見据えた教育改革の意味であり、教授パラダイムから学習パラダイムへの転換の意味である。

枠を越える学習成果を生み出すためには、まず枠に到達する学習が必要である。非進学校の生徒は、この「枠に到達する学習」が十分に進まず、それで本章「1」で論じたような「基礎知識を〝習得〟してからでないとアクティブラーニングはできない」と、教師から疑問が発せられることにもなる。

しかし、私は学習パラダイムに基づく個性的な学習成果を生み出すことは、程度の差はあっても、進学校の生徒にも非進学校の生徒にも、ともに重要なことだと考えている。進学校の生徒に枠を越える学習を強く期待するとしても、そのことが非進学校の生徒に枠を越える学習を期待しないことにはならない。ともに情報化やコンピュータ、ＡＩの発達した近未来を生きていく生徒たちだからである。

そうはいっても、非進学校の生徒の外化した内容は、教師にとって物足りないものであるかもしれない。基礎知識をふまえていなかったり、モノを知らなかったりする生徒が、思いつきで外化しているからである。前記の「基礎知識を〝習得〟してからでないとアクティブラーニングはできない」という教師の考えも、ここに由来する。

私はこの問題に対して、ポジティブな意味で、それが彼らの実力であるといいたい。

基礎知識や情報がないところで外化する内容が、いくら教師の満足するものでなかったとしても、彼らの実際の世界はそのようなものである。それを、教師の期待する枠組みから生徒を見て、満足する、しないといっても仕方がない。

自らの視点と言葉で、頭の中にある理解や考えを外化しないと、彼らの知識世界は耕されていかない。耕していきたければ、外化するしかない。外化された内容がたとえ稚拙なものでも、その現実から出発して、さらに外化を促していくしかない。

どんな生徒のものにも、稚拙な外化の中にも、ときどき「おー！」と感動するような、素朴であっても教師が見れば教科的に意義のある考えや気づき・発見はあるものである。それを拾って褒めてあげればいい。そして、解説をしてあげればいい。これを重ねていくしかないと思うのである。

進学校の生徒の外化したものが必ずしもすばらしいとは思わないことも付け加えておく。彼らの外化した内容は、まさにアウトサイドインの力学ゆえに、教師が期待すること、世の中でおおよそこういうふうに考えていけばいいと、ステレオタイプ的に考えたものであることが多いからである。

彼らは、抽象的にこう考える、こう思うというのは得意である。しかし、具体的な中身は伴っていないことが多いので、その部分を問うていくと窮することが少なくない。要するに、自分の頭でものは考えているが、心の奥底からわき上がる実感を伴った考えや理解ではないのである。

教師は、そのような具体的な内容の伴わない、抽象的な外化を見破らねばならない。それが、進学校の教師に求められる力量である。

このような優等生（進学校の生徒）の姿に対して、一九八〇年代より長きにわたって警鐘を鳴らしてきたのは梶田叡一である。

梶田（1987, 1996）は「実感・納得・本音」というフレーズを用いて、彼らの個性的な内面世界が弱いことを説いてきた。「内的な渇き」（梶田, 1989）、「内的な促し」（梶田, 2016）が弱いとも説いてきた。

このような内面世界には、意識された世界と、必ずしも意識されないが意識世界に確固とした基盤を与える実感・納得・本音の世界、「本源的自己」があると梶田（2016）は考える。本源的自己は、個人の累積された体験と、その意識的・無意識的な経験を中核として形成され、意識された世界に、ある方向に向けての「渇き」や「促し」（衝動や欲求、動機づけや希求）をもたらすものである。

期待される個性的な学習は、個人が持つ既有知識や素朴な疑問、概念等と繋げて関連づけ、個性的な思考や理解を生み出すことと述べた。それはそうなのだが、そこでの個性的な思考や理解が実感・納得・本音の世界、本源的自己を基盤としたものとなれば、学校から仕事・社会へのトランジションがもっと実存的なものになっていくと考えられるのである。

4　主体的・対話的な学びは深い学びのためではない

新学習指導要領では、アクティブラーニングを「主体的・対話的で深い学び」と置き換えて説明した。これはこれで説明しやすくなったところもあり、私は評価している。

他方で、全国の教員の中に、「主体的・対話的な学びを通して深い学びにしていく」と曲解している人たちが少なくないことに気づく。教育委員会や教育センターの指導主事クラスの人が、このような説明をしているのを聞いたこともある。

この考え方では、深い学びが目標であり、主体的・対話的な学びはその目標を達成するための従たる手段だとされる。その結果、深い学びがなされていれば、必ずしも対話的な学びはなくてもよいと理解する教員が出てくる。単純に間違えているといっておく。

深い学びはとても重要であるが、第1章「2」で論じたように、トランジション[2]の観点からは、対人関係・協働の力（対話的な学び）がそれに重ねられねばならない。

もはや、個の力（深い学び）だけで取り組んでいけるような仕事・社会の状況ではない。かつてのように、良い大学に進学さえすれば人生を安泰に過ごせるような、そんな時代でもなくなっている。対人関係・協働の力も併せて資質・能力がバランスよく備わっていなければ、良い大学の卒業生さえトランジション先の仕事・社会では苦労する状況である。この状況は今後さらに加速していくはずである。

主体的・対話的で深い学びにおけるすべての学びのバランスが重要である。

今回の学習指導要領改訂を、変わる大学入試への対策に置き換えて理解している高等学校や教員もいる。その理解のもと、結局は深い学びが重要だと、同じ理解に至っている。

もちろん、大きな誤解であるといっておく。

入試問題が変わるにしても、トランジションに繋がるあらゆる問題を出せるわけではない。この理解で学習を考えると、必然的に第1章の対人関係やおとなしい子に代表されるような、トランジションの観点から考えたときに必要な学びを外すことになる。

新しい社会に向けて必要な学力を測るために、あるいはその学力を育てる教育をおこなうために、テストや入試に活用問題や記述式の問題を導入し(ようとし)ている。小学校・中学校で実施されている全国学力テストの問題がそうであり、大学入学共通テストで導入されることになっている問題がそうである。

しかし、そのような問題を解ける児童生徒の、たとえば対人関係が必ずしも良好であるとは限らない。それらは、あくまで思考力や表現力を問う問題であり、他者と議論する力、集団を前にしての発表する力を問う問題ではないからである。

もちろん、それでそのような問題が必要ではないといいたいわけではない。新学習指導要領や高大接続を、単なる入試問題への対策として狭く捉えると、トランジションに必要な生徒の資質・能力をバランスよく、総合的に育てることを損ねることになる、といいたいのである。

生徒学生のトランジションをしっかり見据えた教育改革をおこなうべきである。入試問題への対策は、その中でのステップとすべきである。

5　協働はあるが、外化はないアクティブラーニング型授業

私は、アクティブラーニングを端的に、書く・話す・発表する等の「外化」の活動と説いてきた[1]。その中で、話す・発表するといった活動は、協働とも呼べると説いてきた。このステップアップとして、アクティブラーニング型授業のデザインのポイントとしての個―協働―個の学習サイクル[9]も説いてきた。

ところが、全国の中学校・高等学校の授業を見ていると、ペアワークやグループワーク等、協働はなされているのだが、その協働が、頭の中にある考えや理解、疑問等を自分の言葉で外化するという活動となっていない事例が少なくないことがわかってきた。

わかりやすい極端な例は、問題を解かせてペアで採点というものである。この例においては、採点という協働はあっても、ペアで発せられる言葉や説明、議論は何もない。

問題演習をさせている間、「わからない箇所があれば、周りで相談していいよ」という指示を出し、それをもって協働の学びをしているという教師もいる。それ以外の時間は従来の伝統的な講義であ

り、このような形でアクティブラーニング型授業や主体的・対話的で深い学びと称している。驚き呆れるばかりである。

興味深いことに、このような指示でも、教師から発せられると、生徒は相談しなければならないと思うのか、何人かは実際に相談を始める。40人のクラスであればせいぜい5人とか6人であるが、それでもまったくいないわけではない。その相談の中身は横に措き、ここでの問題は、残りの黙々と問題演習をしている生徒にとっての主体的・対話的で深い学びはどのようになっているのかということである。

そして、より本質的には、教師はアクティブラーニングや主体的・対話的で深い学びの先に何を見ているのか、生徒のどのような資質・能力を育てようとしているのかということである。はっきりいって、先に何も見ないで、「やればいいんでしょう」のように思っているから、形だけの協働になっているのである。

採点をペアですること自体を否定しているわけではない。それを入り口にして、外化を伴う協働としてのアクティブラーニングに入って行く授業戦略もあるからである。「周りで相談していいよ」ももちろん良いと思う。しかし、それだけをもって、アクティブラーニングだとか主体的・対話的で深い学びをしているとはいってほしくないのである。

6 「外化」を共通項としてアクティブラーニングと主体的・対話的で深い学びを理解する

講話シリーズ第1巻（溝上，2018a）では、アクティブラーニングに見られる書く・話す・発表する等の外化のプロセスを図表14のように説いた（59～62頁）。もう一度説明する。

この図表は、基礎的な知識や考えを習得する学習における外化プロセスを示す図である。

まず教師は、問いや問題を与えて、正解とされる正しい知識や考えを論理的（一直線的）に説明する（正解に直線的に至る●と太い矢印）。しかしながら、人の頭というのは、外（教師）から与えられた説明の筋道を、同じように直線的に説明できるようにはなっていない。ワークシートで外化させるとすぐわかるように、一人ひとりの頭の中には、関連する知識や考え、疑問が遠近さまざまに存在しており（矢印の周辺にある○）、それらをふまえながら説明することしかできないのである。

一人では外化できないことでも、他者や集団とのグループワークの中で「そういうこともあるな」「これはどうだろう」と新たに気づいて外化されることがある（矢印から離れた点線の○）。ここに、個人の学習では及ばない対話的・協働的な学びの意義がある。両者のバランスが重要である。

関連する遠近存在する知識や考え（点線・実線・太線の○）を繋いで自らの筋道を作り、外化する。そのたどり着く先が教師の期待する正解であるならば、それが正しい説明のプロセス（筋道）となる。

このプロセスにおいて、正解に至るための必要な知識（色つきの●）が欠落していると十分な理解ではないといわれ、必要な知識や根拠（色つきの●）を飛ばすと、論理が破綻している、論理的思考が弱いといわれる。私たちが育てたい論理的・問題解決的思考というのは、この筋道の作り方、作るプロセスに表れるものである。ひいては、創造的思考というのも、このプロセスの中で新たに気づく「ああ、そういうことがあるか」「これもあるんじゃないか？」といったことを原体験とするものである（点線の○で「発見・創造（イノベーション）」と書かれている部分）。

このように理解できるならば、（論理的・問題解決的・創造的）思考力を育てたいと思うとき、外化なしの学習などあり得ないことがわかるはずである。

用語が異なるのであるから、「主体的・対話的で深い学び」とアクティブラーニングが完全に一致するものでないことは暗黙の了解である。しかしながら、両用語は

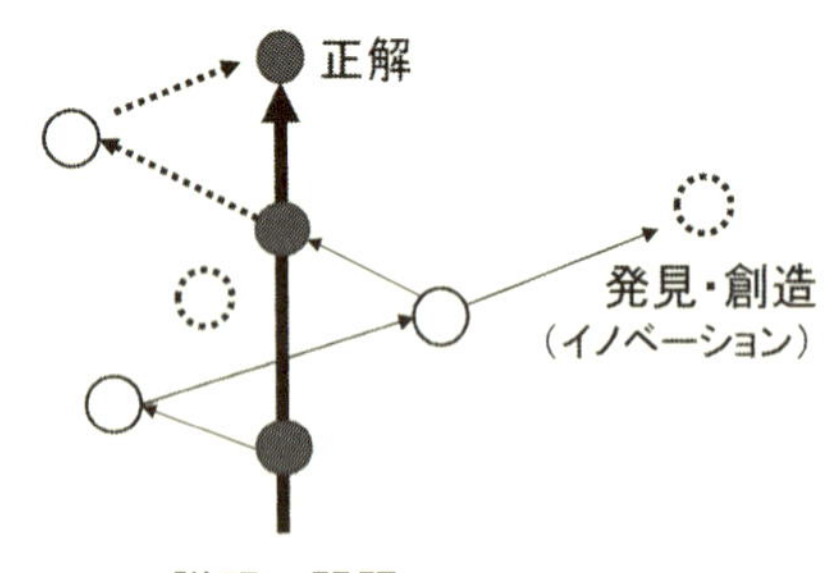

図表 14　アクティブラーニングに見られる外化のプロセス
※溝上（2018a）、図表 29（p.61）より。

「外化」という共通項を媒介することで、かなり近いものを説く概念であることがわかる。理由は次のとおりである。

書く・話す・発表する等の外化は、自らの頭の中にある考えや知識を徹底的に表出する作業であり、主体的でない生徒学生がそう容易くできる作業ではない。人は、教師の話をぼうっと聴くことはできても、ぼうっと外化することはできないのである。

同様に、ぼうっと対話をしても得るものは少ない。対話的な学びが有意義な学習となるためには、自他共にその対話から何かを学ぼうとする必死な姿勢が求められる。すなわち、自他共に主体的に対話的に学ぶことが求められる。

表出した事象（図表14の実践・点線の○）を繋いで自身の考えや理解を説明する作業は、深い学びを促すものである。本章「1」で説いたように、深い学習の基本は、ある知識をさまざまな既有知識や経験、考えとの関係の中に関連づけ構造化することである。この関連づけ・構造化は、知識（事象）同士を繋いで説明するという作業、すなわち外化の作業によって促されるものである。

外化をすれば必ず関連づけ・構造化が促されるとはいえないが、外化の活動なしに関連づけ・構造化が促されることはあり得ない。関連づけ・構造化を促すほどの事象の繋ぎ・説明をする作業（深い学び）は、主体的な学びを前提とする。

以上のように、外化を共通項として媒介することで、主体的・対話的で深い学びとアクティブラーニングは急速に接近する。両者は、外化を間に挟むことで、かなり近いものを目指す概念であることがわかるのである。

究極的にいえば、生徒学生がある単元やコースの学習内容をどの程度深く考えてきたか、理解しているかは、ある程度の時間をかけて外化の作業をさせればすぐにわかることである。授業進度（本章「7」を参照）を気にしなくていいのなら、頻繁に時間をとって外化の作業をさせ、テストも白紙の紙を数枚与えるだけにして、単元やコース全体をカバーする大きな問いをもとに自由に論述（外化）させるようにしたいものである。もちろん、それは究極の理想であるから、実際には現実と理想の間が模索される。

この作業の雰囲気を伝えるために、私の大学での授業「自己形成の心理学」（大学一・二年生を対象とする全学共通科目の授業）での作業を紹介しよう。ポストイットを用いて、授業の振り返りとレポート作成をおこなうというものである（**図表15**を参照）。

この事例は、溝上（2014）でコンセプトマップの作成事例として一度紹介をしたが、ここでは、ポストイットを用いての外化の振り返り事例として紹介し直す。

私はコース最後の授業日に、振り返りの作業をもとにレポートを書かせるようにしている。手続きは次のとおりである。

まず学生には、それまでの学習内容を復習してくるように事前に案内をする。

授業が始まると、「自己形成の心理学で学んだこと、考えたこと」を大テーマに、ポストイット に思い浮かぶことを自由に書き出すように指示する。

その際、以下のことに留意するように伝える。

・授業のまとめとしての作業なので、授業で扱った用語や概念はできるだけ盛り込む。
・1ポストイットに一つの用語や概念を書く。考えを文章にする場合には、できるだけ短文か短い文章にする。
・関連するものであれば、他の授業で学習したことや本で学んだ知識等も自由に加えてよい。
・構造化するときにすべてのポストイットを使わなくてもいいので、まずは思い浮かぶものを、後のことはあまり気にせず30～50枚を目安にどんどん書き出す。時間の許す範囲で、100枚でもそれ以上でも書き出してよい。

ポストイットに書き出す時間は細かく指定しないが、その後の構造化、レポートとしてまとめるところまでを含めて全体で90分なので、おおよそ20～30分で作業するように目安を伝える。

教科書や配付プリント等は自由に見ていいが、90分の中でレポートまで仕上げなければいけないので、実際には教科書等を見ながらレポートまでを書く時間的余裕はないことを事前に伝えている。

図表 15　コンセプトマップの作成風景

※溝上（2014）、図 4-4（p.115）より。

ポストイットで書き出した後は、ポストイットの中からレポートに使いたいものを選んで構造的に並べていく。ポストイット同士を線で繋いだりグルーピングしたりするが、その際には、なぜ繋ぐのかを短い言葉で説明したり、グループ名を入れたりするようにする。

こうして構造化されたもの（図表15の下）をもとに、最後それを文章化してレポート（Ａ４判手書きで２枚）にして提出する。

外化としてのこの振り返りの

作業をさせると、毎回思うことであるが、学生は完全に二極化する。

一方の学生は、「自己形成の心理学で学んだこと、考えたこと」を大テーマに、関連する用語や概念、考え、経験などが次々と思い浮かびそれをポストイットに書き出す。

ポストイットは50枚の目標などあっという間に越してしまい、時間がもっとあれば100枚でも書く勢いの学生もいる。書き出す手が止まらない。これは深い思考や理解が可視化された状態であり、「自己形成の心理学で学んだこと、考えたこと」に繋がる知識や考えが山ほどある状態である。授業で、意味（＝繋ぎ）ある形で学習してきたことを示唆している。

他方の学生は、5〜6枚、10枚はポストイットに関連の知識等を書き出せるが、そこで手が止まって、教科書や配付プリントを見直す。「自己形成の心理学で学んだこと、考えたこと」に関連して思い浮かぶ事象があまりに少ない。頭の中で知識や考えが繋がっていないので、教科書等を見ながら30枚ほど書き出しても、その後繋いで構造化していくことができない。深い学習がなされてこなかったことが端的に露呈している。

どちらが望ましいかは明々白々である。外化の作業を時間をかけておこなうと、このような姿がわかりやすく露呈する。

旧帝大の二次試験の大学入試問題を見れば、たとえば「300字以内で〜を説明しなさい」といった論述問題が出題されている。字数制限がなくても、数行で解答を求める記述式問題は多数出題されている。

受験終了後、採点者は300字以内でまとめられた受験者の解答を採点する。しかし、そこでの記述が、受験者が何の下書きもなしに一から書き出し、ちょうど300字あたりで書き終えたものだと思っている採点者は一人もいない。

図表14のようなステップで、あるいはポストイットを用いた振り返りの作業のように、受験者は問題を解答するために必要な用語（概念、事実、考えなど）を書き出し、それを繋いで文章にする。文章にしてみると、500字や700字になるので、一つ一つの文章が冗長にならないように、端的な説明になるように、キーワードとなる用語が落ちないように注意して、300字まで落としていく。そして、解答用紙に清書する。採点者はそれを採点するのである。

多肢選択問題に比べて、この形式での問題は難度が高い。しかし、受験者がどの程度深くある問題や課題を理解しているかが瞬時にわかるという意味では、王道の形式である。

外化としてのアクティブラーニングも、ほぼ同じ構造で学習の発展を促すものである。主体的・対話的で深い学びもまったく同じである。

二〇二〇年度からは、センター試験に変わって、「大学入学共通テスト」が実施されることになっており、これまでのセンター試験にはなかった記述式問題が導入される。せいぜい80〜120字程度の記述式問題であるが、それでも記述式問題に答えていくためには、高等学校の通常の授業で外化の作業、すなわちアクティブラーニングの実施を必要としよう。

もちろん、大学受験やテストのための対策になるということでは、アクティブラーニングも主体的・対話的で深い学びも、それらの理解を矮小化したものとする。トランジションをふまえた生徒学生の学びと成長のために、外化としての両学習をしっかりさせてほしい。

7　授業進度の問題をどのように解決するか

多くの教員がアクティブラーニング型授業をおこなうにあたってつまずいている大きな問題の一つに、授業進度がある。

アクティブラーニングの重要性や意義を理解しても、アクティブラーニングをおこなっていては、教えなければならない範囲を期間内に終えることができないというのである。体系だった教科書で教える中学校や高等学校の、とくに数学や理科、社会の教科でこの傾向が強く見られるようである。すべてを教えないと、出口の入試に対応できないという考え方も相まって、状況を難しくしている。大学でも、理系の専門（基礎）科目に同様の傾向が見られる。

他方で、期間内に授業内容を進め、すべてを終わらせることができたとして、その授業内容を果たして生徒学生が（深く）理解したのかという問題がある。

教師が自分に課せられた範囲を消化して自己満足しているだけではないのか。大学に、仕事・社会に送り出した生徒学生が、その後力強く学び成長していくための基礎的な知識、資質・能力を身につけたといえるのか。問題は尽きない。

だからといって、授業進度を気にしなくていい、生徒学生の深い学習を促せればそれで良い、と乱暴なことをいいたいわけでもない。現実的な落としどころは、これらの間にあるのだろう。

以下では、学校現場から聞いてきた授業進度の改善法を5点にまとめて紹介しようと思う。もちろん、これらですべてではないだろうから、あくまでたたき台としての紹介である。さらに良い改善法が見つかれば、随時更新して紹介したい。

①単元単位でアクティブラーニング型授業を構成する

単元全体の中で二〜三割の時間を、アクティブラーニングに充てると考えることである。毎授業でアクティブラーニングを組み込もうとすると、講義や説明に必要な時間が十分にとれなくなる。また、アクティブラーニングそれ自体も、短い時間で中途半端なものとなってしまう。ある授業では講義ばかり、アクティブラーニングばかりでもいい。単元全体を見たときに、少なくとも二〜三割の時間、アクティブラーニングが入っていればいいと考える。もちろん、割合は一つの目安である。

②講義ノートを改編する

これまで作ってきた自作の「講義ノート」なるものを改編することである。

「講義ノート」といっても、便宜上そう呼んでいるだけで、紙のノートである必要はない。ＰＣ上でワープロや表計算等のソフトを用いて作成したデータとしてのノートでいい。また、講義以外の演習や実験で用いる資料やデータ、発展・応用・活用の問題、課題等もこれに含めて考える。

授業時間が増えるわけではない中で、これまで作って更新してきた自身の講義ノートをそのまま用いる、しかもアクティブラーニングとしての書く・話す・発表する等の活動も加えて授業をおこなうというのでは、時間が足りなくなるのは当然のことである。

どの説明や問題も必要だから、どれも削れないと聞く。わからないわけではないが、限られた時間の中で、これまで説明してきたこと、与えてきた演習問題等をすべて同じように扱うことは不可能である。

絶対外せないという説明と問題等を厳選して、場合によっては、より短い時間で扱えるように講義ノートを改編することが必要不可欠である。

とである。

③板書を最小限にする

教科や単元にもよるが、できるだけ板書をやめて、その時間をアクティブラーニングに充てるこ

板書をできるだけやめている教師の多くは、パワーポイント等でスライドを作成して、スクリーンや電子黒板上に投影するなど、ＩＣＴを利用している。

アクティブラーニングのためだけでなく、これだけＩＣＴが発達している今、あるいはこれだけ深い学習や資質・能力の育成が謳われている今、教師が板書をして、生徒がそれを深く考えることもなくノートに写すという旧時代的な教授学習スタイルを見直すべきである。

教科書に記されている問題をわざわざ板書して、演習させる授業を見ると、「それはほんとうに必要か」「その時間をアクティブラーニングに」とどうしても思ってしまう。板書が必要なのかを徹底的に考えて、それでも必要だと思われる部分だけを板書するとしたい。

予算が十分になく、プロジェクターや電子黒板を整備できない学校や県はまだまだ少なくない。しかし、それらがない場合でも、工夫すればＩＣＴを利用する活動に相当するものを作り出せる。

たとえばある公立中学校では、教師は板書内容をプリントにして配り、それを受け取った生徒は、（グループ机の真ん中にいつも置かれている）はさみとのりを使って、ノートに貼り付けるという作業をしていた。結果、板書をできるだけしないで授業を進めるという教授学習スタイルが実現し、そ

れはＩＣＴを利用したものとまったく同じものになっていた。しかも、その中学校の生徒の多くは、教師の話を聴きながらノートの空いたところにメモもしていたから、ただスクリーンを眺めている生徒よりもはるかに有意義な学習をしていたように見えた。

プロジェクターや電子黒板がなくても、この工夫があればまったく問題がない。設備があるにこしたことはないが、ないのなら、不満や愚痴を述べる前にできる工夫をしたいものである。

④網羅主義から脱却する

マクタイら(McTighe & Wiggins, 2004)が説くように、網羅主義を脱却することである。「教師がすべてを教えないと生徒は理解できない」と思っている間は、たとえ講義ノートを改編してもＩＣＴを利用しても、授業進度の問題は解決されないだろう。生徒学生に授業外学習(家庭学習)を求め、またそれができるような予習教材やプリントを作るのである。

中学校や高等学校であれば、予習させるだけでなく、学年やクラスで学修記録や学習習慣をつけていく取り組みも併せて必要であろう。

大学では、アメリカの大学教育改革を後追いしてきた経緯がある。しかしながら、アメリカの大学教育ではおなじみのリーディングアサインメント(読書課題)を、日本の大学は、予習として取り込んでこなかった経緯がある(玉，2017)。教科書を整備し、授業で扱う章や単元を読んできていることを前提にするだけでも、授業進度の問題はずいぶん解決するに違いない。

生徒学生は授業外では学習しないと端から決めつけている教員に多く出会うが、どのようにして生徒学生に授業外学習をするように動機づけるかを考えるのも、プロフェッショナルとしての教師の務めであろう。

（授業外の）ひとりの時間で予復習をする、問題を解く、課題に取り組むことは、生涯にわたって必要となるものである。授業進度の問題を解決するためだけでなく、生徒学生の生涯にわたっての学習力を育てていくためにも授業外学習を促したい。

⑤反転授業をおこなう

大学の理系の専門（基礎）科目を担当する教員の中には、反転授業を導入することで、進度の問題を解決しようとする人が増えている。

反転授業とは、従来教室の中でおこなわれていた授業学習と、演習や課題など宿題として課される授業外学習とを入れ替えた授業戦略である。

一般的には、講義部分をオンライン教材として作成し授業外学習で予習させ、対面の教室、すなわち授業学習では、予習した知識・理解の確認やその定着、活用・探究を協同学習などを含めたアクティブラーニングでおこなう（理系科目の反転授業も含めて、詳しくは森・溝上，2017a, 2017b を参照）。

授業の冒頭では、学生の予習による理解をさっと確認する。多くの学生が理解していない箇所があれば、その部分だけを教師が説明する。これだけで授業進度の問題はずいぶん解消するはずである。授業の残りの時間は、演習問題や課題を与えてのアクティブラーニングをおこない、教え合いや問題解決、議論や発表を通して学習を深めることに時間を充てればよい。

学生が予習をしっかりしてくるように、さまざまな方向から促し、支援をすることが求められるが、それをクリアすれば反転授業は授業進度の問題を解決するのみならず、豊かなアクティブラーニング型授業を実現することにもなり一石二鳥となる(溝上, 2014, 2017)。

高等学校でも、進学校や進学コースでは反転授業をおこなってみるとよい。このレベルの生徒は予習をしてくるから、大学でのものと同じ効用が期待される[19]。

もっとも、反転授業はもともと低学力の高校生や大学生を対象になされ、成功を収めてきた教授学習法でもある(バーグマン・サムズ, 2014)。大学の偏差値や進学校などに関係なく利用できる授業戦略であることを補足しておく。

「アクティブラーニングを入れろというなら、授業時間を増やしてくれ」と主張する教員がいる。増やせるものなら増やしてあげたいが、現実には不可能である。この問題に言及して、本節を閉じよう。

この時間の問題は、もはやアクティブラーニングだけのものではないことが、この問題を理解するうえで重要なポイントである。

教えなければならない知識の絶対量が、世の中で急激に増加している。学問は絶えず進歩しているのだから、教えたい知識量は増える一方である。

たとえ中学校や高等学校で教える知識が、限られた時間数のもと厳選されたとしても、それで将来必要となる知識が十分に提供されることにはならない。

大学から見ると、中学校や高等学校で教えられる知識が厳選され、数学の行列のように高等学校の教科書から外されると、それは大学のカリキュラムで補填されることになる。

高等学校では教科書で教えることになっていても、受験科目になかったり文理選択で学んでこなかったりして、大学のカリキュラムに新たに組み込むか、授業の中で未履修者の理解を確認しながら授業を進めるということも起こっている。

初年次教育やキャリア教育、地域連携やプロジェクト学習など、かつては存在しなかった、しかし学士課程教育で扱わねばならないと考えられる科目が、新たに、しかもかなりの数で増設されている。中学校・高等学校と同様である。この状況は、初年次教育やキャリア教育などが入り始めた20年近く前にはすでに起こっていたことである。

先の知識基盤社会、情報化社会の到来のもと、知識量だけでなく、知識を学ぶことの社会的意義が変わっている。知識の活用はその代表例である。知識は習得するにとどまらず、習得した知識を社会的場面や新しい文脈に活用して使えるものにまですることが求められる。

新学習指導要領で求められる種々の探究科目や総合的な学習（探究）の時間、ＳＳＨやＳＧＨ、地域連携などの問題解決・プロジェクト学習も、知識を学ぶことの新しい社会的意義を訴えている。そこでは、知識は教科書等で提供されるものだけでなく、ある問題や課題に取り組む中で収集したり発見したりするものにまで拡張している。

トランジションをにらんで、他者や集団と協働して、知識を習得・活用・探究することも求められている。知識の社会的構成と呼ばれたりもする。

定められた量の知識を頭に詰め込むだけでなく、無い知識を創り出すこと、他（者）の知識と繋げて知識世界を構成・再構成することも求められている。

以上のすべての問題を授業時間の増加で対処することは、100％不可能である。しかし、授業時間を増やせないから、できないというのでは、生徒学生のトランジションが十分に果たせない。授業時間の問題は、全国の教員が考え出した前記の①〜⑤の方法を参考にしつつ、最後は自分で解決していくしかない。このようにしかいうことができない現実がある。

生徒学生には、探究的な学習を通して、社会における困難な課題に立ち向かっての問題解決力を育てようとしている。教員に突きつけられている授業進度の問題も、また同様に社会の課題であり問題解決の対象ではないか。探究的な学習を指導する教員が、端から問題解決を諦めているようでは示しがつかない。

精一杯立ち向かってほしい。

8　与えられて取り組む学習は主体的な学習ではない?

主体的な学習というと、自ら進んでおこなう自由な学習のことと捉える人がいる。たとえば大学人の中には、自らの興味や関心に基づいて取り組まれる自学自習や読書をイメージする人が多い。学習とは、そもそも学生の自律(autonomy)や大人としての自立(independence)を前提としたものであるという考えのもと主張しているようにも見えるが、少なくとも主体的な学習は授業での話ではないと考えている人は多い。

中学校や高等学校の教員の中にも、教師が問題や課題を与えて取り組む学習に主体的も何もないだろうと考える人がいる。第三者(教師)が与える問題や課題を通しての学習は、外発的な学習であり、生徒の自らの興味・関心からわき上がる主体的な学習ではないという考えである。

まず、主体的な学習とはどのような学習を指すのかを確認しよう[20]。

そもそも主体的な学習とは、「行為者（主体）が課題（客体）に進んで働きかけて取り組まれる学習のこと」と定義されるものである。主体が客体に対してより優勢に、言い換えれば、行為者（主体）が課題（客体）に対して前のめりに取り組む状態が認められれば「主体的な学習」であるともいえる。

このように説明される主体的な学習にはさまざまな種類の学習が包含され、ある観点を用いての分類が多少なりとも必要である。

図表16は、学習課題への取り組み方がより即自的かより対自的かということで、主体的な学習をスペクトラムにしたものである。第Ⅲ層に行けば行くほど、主体的な学習は深まっていくと考えられている。

第Ⅰ層の「課題依存型」の主体的学習とは、課題をおもしろいと感じて始まるような、あるいは書く・話す・発表する等の外化の活動を与えられて課題に積極的に取り組むような、行為者の課題への働きかけが前のめりになる学習を指す。

必ずしも行為者のもともと持っている興味・関心から始まるわけではなく、また外化の活動を与えられなければ課題に積極的に取り組むわけでもなく、課題のおもしろさや外化の活動に依存した学習であることから「課題依存型」と称している。それでも、行為者（主体）が興味・関心を持ち、

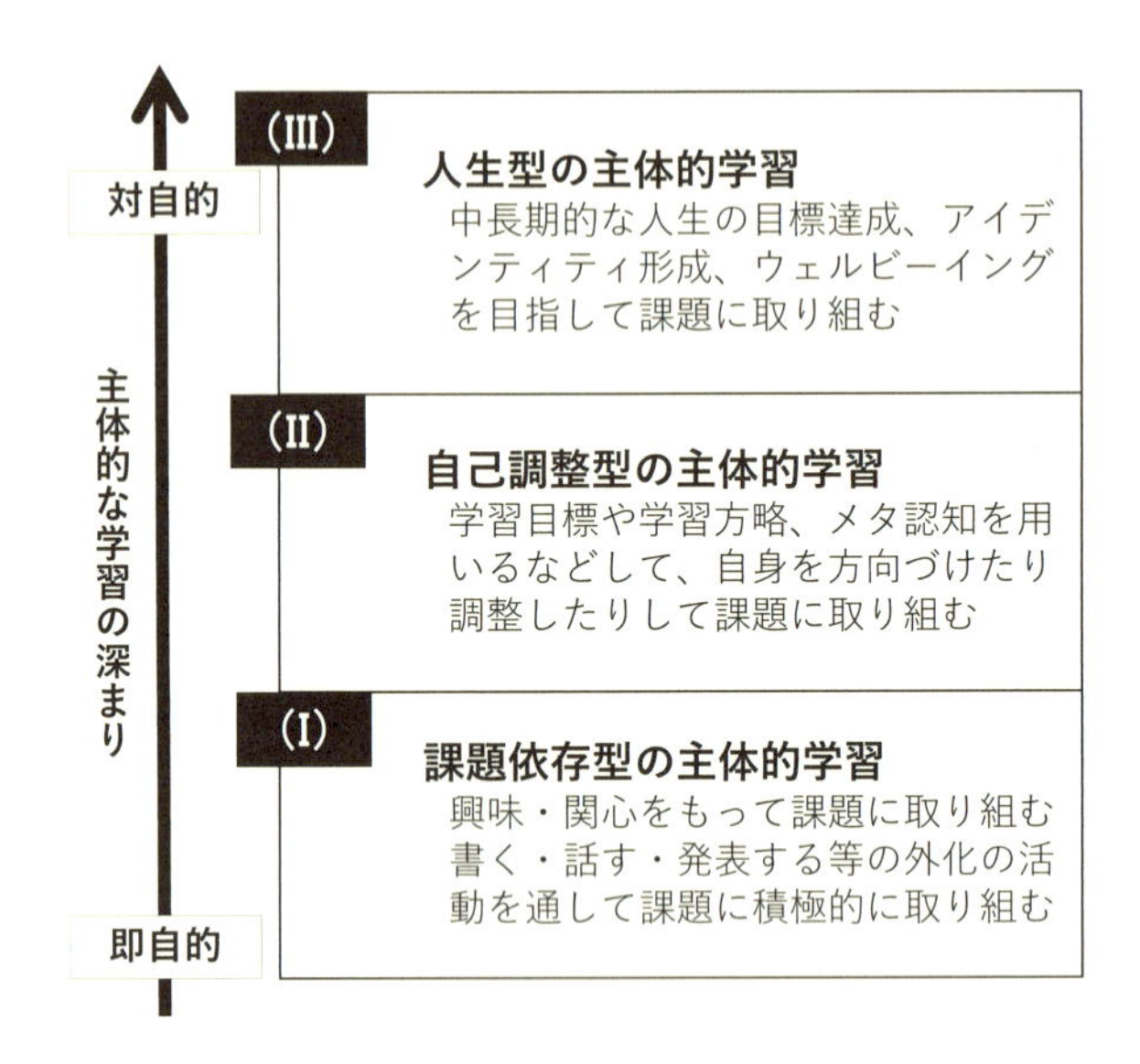

図表 16　主体的な学習スペクトラム

※溝上（2018a）、図表 39（p.109）を改変。

外化の活動を通して課題（客体）に前のめりになれば、それは主体的な学習であるといえる。

学校教育の文脈においては、課題の多くが、生徒学生にとって外側から与えられる、課せられるものである。この課題から発現する主体性から主体的な学習を考えることは、学校教育の中で学習を考える上での出発点である。主体的な学習のすべてが、必ずしも主体それ自体から内発的に発現するわけではないことが、ここでは重要な理解となる。

もちろん、行為者の持っている興味・関心や目標から始まる主体的な学習はある。それは、第Ⅰ層と次に説明する第Ⅱ層の自己調整型との間に、あるいは第Ⅲ層の人生型との間に位置するものと考えている。

第Ⅱ層の「自己調整型」の主体的学習とは、学習目標（「毎日単語を10個覚えよう」「難しい問題でもあきらめずに取り組もう」等）や学習方略（「繰り返し声を出して単語を覚える」「難しい問題は後回しにして、易しい問題から解答する」等）、メタ認知（「自分の考えの矛盾に気づく」「課題によって学習方略を使い分ける」等）を用いて、自身（自己）を方向づけたり調整したりして課題に取り組む学習を指す。

学習課題の中には、興味・関心を持てるものから持てないものまで幅広くある。第Ⅱ層では、興味・関心を持てない課題まで含めて、学習目標や学習方略、メタ認知等を用いて自己調整をおこない、課題に進んで取り組む学習の姿を指す。

第Ⅲ層の「人生型」の主体的学習とは、中長期的な目標達成（「英検1級に合格する」「将来弁護士になる」等）やアイデンティティ形成（私は何者か）、ウェルビーイング（幸福感）を目指して課題に取り組む学習を指す。

なぜ学ぶのか、学習を通してどのような自分になりたいのか、といった学習の意味が、自身（自己）の過去や未来の事象に関連づけて作り出され（時間的展望）、それが今ここの時間空間的な意味を作り学習に反映される。人生型の主体的学習は、過去から現在、そして未来へと、個人がどう生きていくかという自己物語を学習に反映させるものである。

以上をふまえると、教師（第三者）から課題が与えられての学習の中で、主体的な学習は第Ⅰ層と第Ⅱ層として存在し得る。この見方に中学校・高等学校、大学の別はない。

主体的な学習は、単純に、学習における「行為者が課題に対して前のめりに取り組む状態」を指す。教師（第三者）から課題が与えられて学習が始まるにせよ、教師が生徒学生の課題への働きかけにさまざまな工夫を凝らすにせよ、結果として生徒学生が課題に前のめりに取り組む状態が認められれば、それは主体的な学習であるといえる。

授業の中で学習に主体的な学習を「促す」ことが可能であるのも、学習は教師から課題が与えられて始まることが多いという教育の前提があるからである。教育とはそのようなものである。

本章の「3」で説いた、進学校の生徒に期待される枠を越える学習も、主体的な学習としても論じられるべきものである。進学校の生徒は、教師の設定する枠（生徒全員にとっての共通の学習目標）をふまえつつも、他方で枠をどれだけ越えられるかという個性的な学習が期待される。枠をふまえる学習は教師から与えられるものだが、枠を越える過程には生徒の前のめりの学習、すなわち主体的な学習を必要とする。

9　面倒を見れば見るほど生徒学生は受け身になっていく？

この疑問に答える前に、高等学校や大学で教育がどの程度手厚いものとなっているかを概観しよう。

まず、高等学校についてである。安彦（2018）が高等学校は予備校化していると揶揄するが、たしかにここまで学校が予備校や塾のように、生徒の大学受験を指導・支援しなければならないのかと思われるほどの状況がある。

しかし、多くの県では教育委員会をはじめとして、県下の進学校を進学重点校として指定し、大学への進学実績を上げるべく政策的に財政的に支援をおこなうわけであるから、この問題は学校の判断（独断）というよりも、県が政治的・行政的に展開していることである。

このように説明をすれば、受験ではないものの、小学校・中学校で全国学力・学習状況調査の全国順位や得点に一喜一憂する状況が、二〇〇〇年代末にできあがったことも併せて理解されよう。

子どもの将来に向けての学びと成長は、学校教育の基礎・基本として目指されるものの、他方で学校間の偏差値的な序列競争が、小学校や中学校でさえ先走っている状況を見て取ることは、何ら難しくない。いうまでもなく、この状況も政府の政治的・行政的な施策のもとで展開したものである。結果、学校の子どもへの教育や指導・支援が手厚くなっている。

高等学校では加えて、SSH（スーパー・サイエンス・ハイスクール）やSGH（スーパー・グローバル・ハイスクール）などの政府の補助金事業が、前記の流れに加わっている。それらの事業に応募していなくても、地域連携、高大連携、海外留学、探究的な学習等には、多かれ少なかれすべての学校が従事し、それまでの教育活動の幅を数倍拡げて、生徒への教育や指導・支援を加速させている。これの小学校・中学校版ももちろんある。

私は、高等学校の予備校化は別として、このような政府や県の政治的・行政的施策の展開にまったく否定的な立場ではない。社会が変化し、それに対応して学校が変わらなければならない。これまでの教育では問題とならなかった資質・能力を、新たに学校で育てなければならない。社会で推進していくために、政府や県の政治的・行政的施策が必要である。

いずれにしても、以上のような取り組みが進む中、児童生徒の教育や指導・支援は相当手厚くなっている。多くの教員は、施策の必要性を理解しながらも、教育や指導・支援を一生懸命おこなえばおこなうほど助長される児童生徒の受け身の態度に、正直なところ危惧の念を抱いているのである。

大学でも、学生への教育や指導・支援の手厚さ、面倒見の良さは、一九九〇年代以降同様に起こっている[21]。

一九九〇年代初頭のバブル経済の崩壊以降、学生の就職難が長期化し、出口に向けての就職・キャリア形成支援が相当なされるようになったことは、この問題で最初に押さえるべき事情である。就職支援に向けてキャリアセンターが次々と設立されたり、それまで就職部があった大学はキャリアセンターとして改組したりして、支援活動を拡大していった。エクステンションセンターを設立して、就職のための資格取得や課外の学習を支援する大学も少なからず見られた。それまで就職部さえなかった国立大学は、キャリアセンターを開設し、学生の就職やキャリア形成を支援するようになった。

社会人として必要な挨拶やマナーを徹底的に教える大学も出てきた。

やがては、キャリア形成支援を単位化して正課教育の一環とし、授業を通して将来の仕事について考える機会を提供するようにもなった。

こうした背景には、高校生は就職もできないような大学を受験しないという経営的な事情があったが、他方で、18歳人口で見たときの大学進学率が、それまでの三五～四〇%から五五%まで上昇し、同じ「大学生」といっても、その質が非常に多様化している事情もあった。

さらに、企業の日本的雇用が弱まる中、離転職や非正規雇用が一般化し、在学中から仕事やキャリアについて考える機会を提供しないと、学生の卒業後が危ぶまれるといった教育的配慮もあった。

有名大学でさえほとんどの学生は民間の企業や官公庁に就職するのであるから、また、そのような有名大学の学生でも就職活動では苦戦していたわけであるから、教養や専門的知識を授けるのが大学だ、などといっていられない事情があったことは否めない現実であった。

大学が就職に向けて「専門学校化」したと揶揄されるのは、おおよそ以上のような状況を指してのものである。

次に押さえておくべき事情は、大学が「学校化」した、学生は「生徒化」したと揶揄される状況である。一九九〇年代以降大学教育改革が本格化し、学生の授業への出席は当然のものとなり、成績の厳格化が徹底的に進められた。

他方で、二〇〇〇年代に入って、特色GPをはじめとしてGood Practiceが全国の多くの大学で共有され、旧帝大を含めた大学の教育プログラムや授業を変えていく改善の動きがごくふつうに見られるようになった。

大学に来ない学生に電話をかけたり、家庭訪問をしたりする大学も少なからず出てきた。大学経営をにらんだ「学生はお客様」という見方のもと、面倒見がよすぎる、サービスが過ぎると批判される大学もあった。

しかし、事はもっとマクロ的に理解されねばならない。

天野（2006）が述べるように、一九九〇年代以降今日までの大学教育改革は、本来なら一九七〇〜

八〇年代におこなっておくべきであった教育改革の後始末である。

高度経済成長を経て経済大国として確立した時期、そして学校から仕事へのトランジションが幸せなことにもうまく機能していた時期にやり過ごしてしまった教育改革を、バブル崩壊後の国内・国際的な仕事・社会の変化に対応しながら、さらなる少子高齢化やＡＩの登場なども加味しながら進めているのである。

大学審議会が一九八七年より審議をしていたことから明らかなように、この教育改革は、バブル経済が崩壊して就職率が悪化したから、トランジションがうまく機能しなくなったから始まったものではない。政府が日本の教育、ひいては社会のさらなる発展のために、それまで十分に手をつけてこなかった大学教育にメスを入れようとしたところから始まったものである。日本の教育・社会の発展を目指した自発的なアクションだったのであって、決して仕事・社会が厳しいものへと堕していくことに対する受け身のリアクションではなかったのである。この点は、大学の学校化、大学生の生徒化と揶揄される問題を議論するときに、何度も留意されなければならないことである。

今日の大学教育改革は、面倒見の良さやサービスといった次元をはるかに越えたところで展開していることも知っておかねばならない。

その最たるものは、三つの方針（＝三つのポリシー：アドミッション・カリキュラム・ディプロマ・ポリシー）に基づいて学生を受け入れ、育て、修了認定するという仕組みに基づいた目標準拠の教育の実現である。これは、学生をアドミッション・ポリシーに従って受け入れたのであるから、彼らを大学や学部の卒業認定・学位授与認定の方針(ディプロマ・ポリシー)にしたがって、さらには掲げる教育目標に到達するようにしっかり育てるのが、教育機関としての大学の責務であるという考え方に基づいている。

しかも、その教育目標には、問題解決やコミュニケーション、チームワークやリーダーシップなどの資質・能力も加わっている。そこに向かう学修成果を可視化して、エビデンスで示すことも求められている。

昨今の初等中等教育が資質・能力を前面に出して、学習指導要領を改訂し、教育改革を進めていることと似た流れが、大学教育でも起こっている。

興味深いのは、流れを作ったのは政府であっても、そのような目標を策定したのは大学や学部自身であったことである。(教養・専門の)知識の習得だけで教育たり得ると考えた大学・学部は、一つもなかったといっても言い過ぎではない。

この状況下で、旧帝大でさえ学業不振者や留年・退学者には神経をとがらせており、担任制や状況に応じて成績を保護者に送るなどの対応をしている。国際化やアクティブラーニングをどのように導入し推進したらいいか、問題は解決できないと思われるほど山積している。これが大学教育の実情である。

自律的に学ぶことはいつの時代にも重要なことである。しかし、そうであるために大学教育がかつてのいい加減な姿に戻るべきだ、学生は大学や教師に依存せず自律的に勉学に励むべきだ、と考えるのはおかしい。

大学がユニバーサル化の段階へと至り、大学生の社会的地位がエリート時代のものに比べて相当変わっていること、そして、資質・能力をはじめとして社会に出ていくために求められる課題がかつての比ではないことも含めて考えられなければならない。

「成熟した自律的な学習者（＝学生）であれ！」と声高に理想を叫んでも、それができなかったかつての大学生の実績もある。大学生が子供になった、勉強をしない、漢字をまともに書けない、本を読まないといった世間の批判は、一九六〇年代からずっとなされ続けているものなのである（溝上責任編集，2018）。

過去に遡って、その眼差しから現状や改革の是非を議論している場合ではない。トランジションの観点から見て、出口の就職・キャリア形成支援も含めて、大学で学び成長することがどうあるべきなのかをもっと前向きに、理念的に考えなければならない。その上で、大学という教育機関がどうあればいいのかを、実践的に作り出していかねばならない。

もちろん、手取り足取りの面倒見の良い教育が良質な教育であるはずはない。それで、大学生が勘違いをして依存的になり、学ぶべきことは大学が用意し教えてくれる、と思うようになることも良いはずがない。

しかし、それまで教育をしっかりおこなわなかった大学教員が、ろくな教育訓練も受けずに、熱心に教育をおこない始めたとき、結果として手取り足取りの面倒見の良い教育になってしまうことは起こり得る事態である。教師になれば、誰もが一度は通る道だともいえる。

この問題を大学だけではなく、小学校から高等学校までの初等中等教育にも繋げてまとめよう。初等中等教育においても、かつて求められなかった教育課題が次々と課せられ、児童生徒はかつては課されなかった課題に次々と取り組んでいる。

進学実績に対する保護者・社会からのプレッシャーはいっそう高まり、結果として相当手取り足取りの面倒見の良い教育になってきているのは疑いようのない事実である。

大学教員は大学生だけを見て生徒化したとラベルを貼り、それは大学が学校化したからだと説明するが、そもそも大学に入ってくる手前の中学生・高校生自体が、かつての中学生・高校生とは異なることも考慮して議論されねばならない。

生徒学生が受け身になる、依存的になるように仕向けているのは学校であり教師である。

手取り足取り、生徒学生の受け身や依存性が問題であるというのなら、手取り足取りではない、彼らが受け身や依存的にならない教育方法へと改善していけばいいだけのことではないのか。はじめは手取り足取りの教育や指導・支援であっても、それを徐々に緩めていき、生徒学生がより自律的に取り組めるように手放していく。そのような教育方法を開発し実践していけばいいだけのことではないのか。

私はそれは可能であり、挑戦していくしかないと思うのである。

この問題について、もう少し別の角度から話をしよう。私の研究室にいる大学院生の指導の話である。話をわかりやすくするために、修士課程の学生（＝大学院生、以下同様）の指導を対象とする。

私は、研究のテーマや問題意識は学生に挙げさせるが、それをどのように研究していくか、研究論文に仕上げていくかは一緒に取り組む指導観を採っている。というのも、学生は素朴な問題意識をもとに研究課題を挙げてくるが、そしてそれは重要なステップだと私は思っているが、それですぐさまデータを取って、先端の研究者に響くような研究になることはほぼ皆無だからである。

問題意識がどんなに良いものでも、その問題意識が先行研究をどの程度ふまえたものとなっているかが、学術的にはとても重要である。「巨人の肩の上に乗る」ではないが、研究とは先達が明らかにしてきたこと、考究してきたこととの関連において、自身の新奇性、ユニークさを訴えていくものである。

だから、この作業が不十分で、無邪気に「私はこの問題を明らかにしたいです」「関心があります」と言われても、「ああ、そう。でも、その研究はすでにおこなわれていて、その論文を読めばいいよ」「君がしなくてもいいよ」ということになるのである。実際、先行研究を十分に調べもしないで、思いつきの問題意識と素人くさいアンケート調査や調べ学習等で、修士論文を仕上げている学生は世の中にごまんといる。

しかし、先行研究を時間をかけて精一杯調べて、自身の問題意識との関連づけをおこない、新奇性・ユニークさを訴えれば、それで良いというものでもない。というのも、学生はそもそも知識が少なく視野が狭いので、問題意識に直接的に関連のある論文や書籍しか読まないからである。したがって、新奇性やユニークさも視野の狭いものにならざるを得ない。

これは仕方のないことともいえる。情報化の時代であるから、検索に引っかかる相当な分量の論文・書籍を読まなければならない。さらに、その中で重要なものと重要でないものとを読み分けていくフレーム[22]を持っていないから、一本(冊)一本(冊)時間をかけて真正面から読んでしまうことにもなる。皆が通る必要なステップではあるものの、現実にはそういうことが起こっている。

私にここで求められる指導は、先行研究を関連づけようとするときに、彼らが読む論文・書籍の質を評価して考えや研究を方向づけることである。「その論文はいいよ。そこから何を得た?」「何を考えた?」「君はどこに向かっている?」といったように。「それではなくて、これ、これを読め」

と具体的に方向づけることもある。

もちろん、端から方向づけるのは学生の学びと成長に繋がらない。ある程度作業が進んできたところでの指導である。

学生の数年先のそのテーマにおける拡がりも、指導の射程に入れなければならない。個別のテーマから2、3歩離れた別のテーマに繋げたりジャンプさせたりするのである。教育研究で例を挙げれば、キャリア形成に関心があるという学生には、「教授学習の問題に繋げてみては？」や「人の発達それ自体の中でキャリア発達を位置づけたほうがおもしろいんじゃない？」等と指導するのである。

この接続やジャンプは学生自身からはまず出てこない。個別の問題に狭く焦点化して作業しているからである。もちろん、接続やジャンプの指導は、私の学術的な視野があってこそのものである。

本章「3」で、枠をふまえて枠を越える学習パラダイムの特徴を説いた。ここでの大学院生への指導は、図表13に照らせば、（教授パラダイムの）枠を設定することである。「ここまでは来い」と、到達すべき最低限の枠を設定するのである。キャリア形成の研究としての到達点はもちろんのこと、そのテーマの位置づけや拡がり（他のテーマへの接続やジャンプ）まで到達点として課すのである。

プロ野球の一軍の試合である程度は通用するように指導・助言するのは、すべて枠内の作業である。しかし、その枠に到達する作業の中で、ほんのときどき私が想定しなかった、思わず「君、やるねぇ」

と言ってしまうような考えが、学生から出てくることがある。そこを見逃さず、「それとてもいいよ！」とフィードバックをして、研究の要素として組み込ませていくのも指導者としての私の務めである。この考えは、図表13でいえば、枠を越えていく矢印、学生の個性的な学習成果に相当する。

ここでは、大学院生の研究を例にして、彼らをプロ野球の一軍である程度通用するレベルに育て上げるための指導観をお話しした。

どんなに自律的な学生であっても、独学でプロ野球の一軍で通用する研究者になっていくことは不可能である。指導者がいればいいというものではないが、指導者がいなければ、到達すべき枠を設定することは学生には難しく、文献・著作の良し悪しを判断することもできないだろう。限られた短い年数の中でプロのレベルにまで育つには、指導者の教育や指導・支援が必要である。

もちろん、その教育や指導・支援を手取り足取りでおこなう必要はない。はじめはそうであっても、徐々にそれを緩めていって、最後は自律的な研究者として育っていくようにしなければならない。

この話を、アクティブラーニングをはじめ、あらゆる学校種での教育・指導・支援に繋げて、変わる社会を力強く生きていく生徒学生を育ててほしい。

注

11　深い学習が浅い学習を対立項として（対比される形で）定義されている構造を読み取ってほしい。浅い学習が何かを理解することなく、深い学習を理解することはできない。アクティブラーニングも同様である。アクティブラーニングは、単に「アクティブ」の指す特徴だけをもって定義されてきたのではなく、講義型授業での「聴く」を受動的学習と操作的に定義し、それを乗り越える形で定義されてきたのである。詳しくは、溝上（2014）、あるいはウェブサイト「溝上慎一の教育論」（http://smizok.net/education/）の「（理論）大学教育におけるアクティブラーニングとは」を参照）。

12　中央教育審議会『幼稚園、小学校、中学校、高等学校及び特別支援学校の学習指導要領等の改善及び必要な方策等について（答申）』（二〇一六年一二月二一日）

13　この質問は、別の表現で大学教員からもよく受けるものである。溝上（2014）では、「アクティブラーニングは座学ができない学生のためのものだ」に対して「否」であると、批判的リプライをしている。この節は、類似の問題を、中学校、高等学校の教員を対象に論じ直したものである。考え方のポイントは基本的に同じである。

14　アクティブラーニング（型授業）の定義や考え方の歴史については、溝上（2014, 2017）、あるいはウェブサイト「溝上慎一の教育論」（http://smizok.net/education/）の「（理論）大学教育におけるアクティブラーニングとは」「（理論）アクティブラーニング論の背景」を参照のこと。

15　この節は、『教育科学 国語教育』No.825（二〇一八年九月）の連載原稿「枠をふまえ枠を越えることが期待される進学校のアクティブラーニング型授業」をもとに加筆・修正したものである。

16 講話シリーズ第1巻(溝上、2018a)では、生徒のアクティブラーニングに対する身体化を促していった(山形県立)庄内総合高等学校の取り組みが紹介されている。

17 学習パラダイムについて詳しくは、溝上(2014)、あるいはウェブサイト「溝上慎一の教育論」(http://smizok.net/education/)の「(理論)アクティブラーニング論の背景」を参照のこと。

18 内化とは、読む・聞く等を通して知識を習得したり、活動(外化)後の振り返りやまとめを通して気づきや理解を得たりすることを指す。詳しくは、溝上(2018a)、あるいはウェブサイト「溝上慎一の教育論」(http://smizok.net/education/)の「(用語集)内化・外化」を参照のこと。

19 高等学校における反転授業の実践例は、ウェブサイト「溝上慎一の教育論」(http://smizok.net/education/)の「(AL関連の実践)Scrapbox とYouTubeを利用した反転授業」(宮田隆徳@名城大学附属高等学校)、「(AL関連の実践)級友との練磨―「問い学ぶ」教育による「生きる力」の育成―」(芝池宗克@近畿大学附属高等学校)を参照のこと。芝池教諭の授業は、本書第4章「5」でも紹介している。併せて参照されたい。

20 主体的な学習のそもそも論としての学術的な説明、主体的・対話的で深い学びにおける「主体的な学び」との相違については、溝上(2018a)、あるいはウェブサイト「溝上慎一の教育論」(http://smizok.net/education/)の「(理論)主体的な学習とは―そもそも論から「主体的・対話的で深い学び」まで」を参照のこと。

21 大学での教育や指導・支援が手厚くなった経緯、大学の「学校化」、学生の「生徒化」については、溝上責任編集(2018)で詳細に説明されている。

22 人が世の中の事物や出来事を参照する際に用いる「内的準拠枠(inner frame of reference)」のこと(コーム

ズ・スニッグ, 1970)。人は、知識や経験、価値等によって色づけられたフレーム（色眼鏡）を通して、世の中の事物の情報処理をしている。人工知能の開発のなかで、現実世界のなかで起こりうる無数の出来事の中から、必要な情報と必要でない情報とを分別して処理することがいかに難しいことであるかを説いた、いわゆる「フレーム問題」のフレームもほぼ同じ意味である。

第3章　トランジションの観点から見て「仕事」で実際に起こっていること

1　はじめに

第1章「2　何のための学校教育か！」では、仕事・社会の大きな変化を受けて、かつてのような学校から仕事・社会へのトランジション[2]が成り立たなくなっていること、さらにアクティブラーニングやキャリア教育、資質・能力の育成等を課題として、学校教育改革が進んでいることを述べた。

しかしながら、このような教育改革に関わる研究者や実践家の中で、実際の大人がどのように変わる仕事・社会に直面しているかを見ている人はあまりいない。多くは、政府の施策や新聞等マスメディアで示される変わる仕事・社会の様子を前提として、活動をおこなっている。

私も、学校から仕事・社会へのトランジションにおける「学校」の方に相当の軸足を置いて、これまで研究・実践をおこなってきた。偉そうにいえる立場ではない。

とはいえ、トランジション研究や実践を推進する者として、多少なりとも学校の観点から「仕事・

社会」を見ていく研究活動を加えていかねば不十分であると考えるようになった。アクティブラーニングやキャリア教育、資質・能力の育成が生徒学生にほんとうに必要なのか、それが弱いとどのような「仕事・社会」での姿になると予想されるのか、学校での取り組みと重ねながら研究活動をしていかねばならないと考えるようになったのである。

中原淳さん（立教大学経営学部教授）と公益財団法人電通育英会と私とで共同で企画して、二〇一二年に実施した25歳～39歳のビジネスパーソンを対象とした社会人調査は、このような流れの中で取り組まれたものである。

その結果は、『活躍する組織人の探究―大学から企業へのトランジション―』（中原淳・溝上慎一編、東京大学出版会, 2014）として刊行されている。振り返り調査ではあったものの、大学時代の学習やキャリア意識が職場での仕事（組織社会化や能力向上等）に影響を及ぼしている結果が示されたのである[23]。

二〇一三年から学校法人河合塾と連携して実施している高校生を10年間追跡する調査「学校と社会をつなぐ調査」（通称：10年トランジション調査）も、この流れの中でおこなわれている研究である。二〇一三年秋の調査時に高校二年生であった生徒は、二〇一八年四月現在（現役で進学していれば）大学四年生になっている。高校時の学習やキャリア、資質・能力等が、大学一・二年生までは大きな影響を及ぼしていることがすでに明らかになっている[4]。

これらの大学生が来年いよいよ卒業し、仕事・社会のステージに入る。高校生・大学生の学習やキャリア意識等が、「仕事・社会」にどのような影響を及ぼすかを示す本邦初の研究成果となるだろう。

これまでの成果は、『どんな高校生が大学、社会で成長するのか―「学校と社会をつなぐ調査」からわかった伸びる高校生のタイプ―』(学事出版，2015)、『高大接続の本質―「学校と社会をつなぐ調査」から見えてきた課題―』(学事出版，2018)(いずれも溝上慎一責任編集 京都大学高等教育研究開発推進センター・学校法人河合塾編)として二冊刊行されている。

他にも二〇一五年からは、大学卒だけでなく高卒や短大卒等まで対象者を拡げて、学校の観点から見た「仕事・社会」の状況を明らかにする調査を実施している。実際のビジネスパーソンの職場での仕事、人口減少が進む地方での大人の仕事や生活、それに関わる学校の役割や子ども・生徒の育ちなどをフィールドワークしたりインタビュー調査をしたりして、予備調査を重ねている。

講話シリーズ第2巻から、今まであたためてきた私のこのような学校から「仕事」に向けての研究活動を、もう少し後の巻からは「社会」も含めて、紹介していくこととする。

2 『活躍する組織人の探究』データの説明

本章では、上記の『活躍する組織人の探究』のデータを用いて、出身大学の偏差値帯の影響や個人年収、役職との関連をふまえた学校から仕事へのトランジションの分析結果を示す。

ここで示すものは、同書でも若干示したのだが、まったく不十分なものである。というのも、同書での目的は、学校での学習やキャリア意識等がほんとうに職場への適応や能力向上等に影響を及ぼすかを明らかにすることにあったからである。

調査は、インターネットリサーチ会社（株式会社マクロミル）に依頼をして、二〇一二年四月に実施された。

回答者の条件を、会社規模（30〜499名・500名以上の二条件）と年齢（25〜29歳・30〜34歳・35〜39歳の三条件）、計２×３の６条件で設定し、各条件500名ずつ、計三、〇〇〇名のフルタイムのビジネスパーソンを募った。こうして収集されたサンプルの属性を**図表17〜19**に示す。

この調査の主な結果は、上記の著書『活躍する組織人の探究』で掲載されているが、記述統計をはじめとする基礎的な結果は、報告書『京都大学／東京大学／電通育英会共同　学校から仕事へのトランジション調査』（https://www.dentsu-ikueikai.or.jp/transmission/investigation/result/）の中で示されている。併せてご覧いただきたい。

本章で示す結果は、主に大学を卒業して間もない25〜29歳の年齢サンプルを用いて分析したものである。25〜29歳というのは、多くの人にとっては、初職から数年間の初期キャリアのさなかか、

会社規模	年齢		度数	性		出身大学専門分野			出身大学偏差値		
				男性	女性	文科系	理科系	その他	49以下	50-59	60以上
30-499名	25-29歳	a	500	183	317	315	159	26	206	222	67
	30-34歳	b	500	302	198	300	177	23	207	214	71
	35-39歳	c	500	398	102	311	179	10	173	246	77
500名以上	25-29歳	d	500	227	273	277	201	22	151	240	102
	30-34歳	e	500	318	182	276	213	11	157	229	113
	35-39歳	f	500	402	98	271	215	14	113	246	138
	計		3,000	1,830	1,170	1,750	1,144	106	1,007	1,397	568

図表 17　サンプルの属性（会社規模、性、出身大学専門分野、出身大学偏差値）

	仕事の業種								仕事の職種					
	製造業	ｻｰﾋﾞｽ業	卸売業 小売業	情報 通信業	医療 福祉	金融 保険業	建設業	その他	研究 技術職	営業購買 販売職	企画総務 広報関係 事務職	経理･財務 関係事務職	人事労務 関係事務職	その他
a	102	64	61	43	81	26	22	101	124	125	67	54	44	86
b	116	74	52	59	54	19	33	93	163	122	49	64	37	65
c	134	61	68	42	58	15	28	94	150	144	53	43	33	77
d	147	40	50	46	40	90	14	73	169	145	57	36	29	64
e	166	49	43	67	38	46	13	78	197	135	60	34	28	46
f	155	58	59	53	29	46	22	78	176	143	52	36	31	62
計	820	346	333	310	300	242	132	517	979	814	338	267	202	400

図表 18　サンプルの属性（仕事の業種、職種）

	役職					
	一般社員	係長・主任 班長等	課長・マネージャー 課長補佐等	部長・次長 副部長等	役員 経営者	その他
a	477	21	1	0	0	1
b	375	96	18	10	0	1
c	294	155	41	9	0	1
d	458	38	2	0	0	2
e	368	122	9	1	0	0
f	246	199	51	4	0	0
計	2,218	631	122	24	0	5

図表 19　サンプルの属性（役職）

それを終えた後の年齢期である。

このサンプルでは約五％の人が〝係長・主任・班長等〟以上の役職に就いているが（図表19を参照。30～499名規模の会社で22／500名、500名以上の会社で40／500名である）、ほとんどの人は〝一般社員〟である。

なお、問いによっては25～39歳の全年齢サンプルを用いておこなう分析結果もある。サンプルの年齢は重要な情報なので、結果の都度示す。

出身大学（学部）の偏差値は、河合塾の入試難易ランキング表（http://www.keinet.ne.jp/rank/）より求めている。判定の難しい大学や学部でも、できるだけ近い偏差値帯に分類するようにし、それ以外のものは判定不能として欠損値とした。

各項における偏差値別の考察では、一〇％以上の差をもって偏差値帯による差があると見なした。

職場での仕事には、「組織社会化」「職場における能力向上」「職業キャリア成熟」の三つの変数を用いた。変数の説明や統計的な検討は、先に挙げた報告書『京都大学／東京大学／電通育英会共同　学校から仕事へのトランジション調査』にも詳しく記載されているので併せてご覧いただきたい。以下、変数の説明をしておく。

①組織社会化

「組織への参入者が組織の一員となるために、組織の規範・価値・行動様式を受け入れ、職務遂行に必要な技能を習得し、組織に適応していく過程」(高橋，1993，2頁)と定義される、組織参入への社会化の一つを指す。

大学卒業後フルタイムの職に就いても、職場や組織への適応がうまくいかなかったり離転職に至ったりすることがある(舘野，2016)。若年キャリアのビジネスパーソンを対象としたトランジション研究では、組織社会化の状態を検討することがまず重要だとされる。

小川(2006)やChao et al. (1994)を参考にして作成された15項目から成る尺度(ただし分析からは1項目除外している)を使用し、〝あてはまらない〟～〝あてはまる〟までの5件法で評定を求めた。主な項目は、「職場における自分の役割は、よくわかっていた」「自分自身の仕事が、会社全体において、どう役立っているのかよくわかっていた」「誰に影響力があるのか、出世するにはどうしたらいいのかといった、部署内の政治については、よく理解していた」「各部門・子会社・支社が、会社の目標に対しどのような役割を果たしているのか、よくわかっていた」である。ここでは、全項目の得点を加算して項目数で除した得点を分析に用いた。

②職場における能力向上（以下、能力向上）

人が職場において能力を向上させることである（中原，2010）。中原（2010）を一部修正した、六つの下位尺度「業務能力向上」「他部門理解促進」「部門間調整能力向上」「視野拡大」「自己理解促進」「タフネス向上」から成る計14項目の尺度を使用した。〝あてはまらない〟～〝あてはまる〟までの５件法で評定を求めた。主な項目は、「仕事の進め方のコツをつかんでいる」「他者や他部門の立場を考えて仕事ができる」「初めて組む相手ともうまく仕事を進められる」「多様な視点から考えて仕事ができる」「自分のマイナス面を素直に受け入れることができる」「仕事をする上で、精神的なストレスに強い」である。ここでは、六つの下位尺度を潜在因子とした高次因子「能力向上」の得点を仮定し、全項目の得点を加算して項目数で除した得点を分析に用いた。

③職業キャリア成熟（以下、職業キャリア）

人が自己のこれからの職業生活についてどの程度成熟した考えを持っているのかを表すものであ

る。

坂柳（1999）の成人版職業キャリア成熟尺度で、二つの下位尺度「職業的自立性」「職業的キャリア計画性」から成る計18項目の尺度を用いて、〃あてはまらない〃～〃あてはまる〃までの5件法で評定を求めた。主な項目は、「自分の職業生活を主体的に送っている」「これからの職業生活について、自分なりの見通しを持っている」である。ここでは全項目の得点を加算して項目数で除した得点を分析に用いている。

以上をふまえて、分析結果を見ていこう。

3　高校から最初の配属先までの評価とその理由

「あなたは、「高校時代（大学受験を含む）」「大学時代」「就職活動」「最初の配属先」の自分の過ごし方やその結果を振り返って、あえて○（肯定的）か×（否定的）で評価すると、どのようになりますか。ただし、○か×の持つ意味についてはは回答者にお任せします」という教示のもと、四つのステージに対する評価をしてもらった。

25～29歳の年齢サンプルを用いて、「高校時代（大学受験を含む）」「大学時代」「就職活動」「最初の配属先」の○×を組み合わせて作成したタイプとその度数を示したものが**図表20**である。図表では、五％以上の該当率が見られたタイプをボールドにしている。なお、「就職活動」をしなかったと答えた回答者は、この分析からは除外している。

出身大学（学部）の偏差値別に見たものが**図表21**である。五％以上のタイプを抽出して、組織社会化、能力向上、職業キャリアとの関係を見たものが**図表22**である。

・図表20を見ると、もっとも多く見られたのはタイプ1（高校時代から順に○○○○、以下同様）の三五・七％であり、次いでタイプ9（×○○○）の一〇・四％であった。両タイプの違いは、高校時代が○か×かの違いだけで、大学時代以降はすべて○の評価である。合わせて四六・一％であり、約半数のビジネスパーソンが大学時代から最初の配属先までを肯定的に振り返っている。

出身大学の偏差値別に見ると、タイプ1は偏差値60以上の大学出身者により多く、タイプ9は偏差値の低い大学出身者により多く見られるが、一〇％以上の差は認められない。大きくは出身大学の偏差値による差はないといえる。

・五％未満の該当率を示すタイプの中で、タイプ5〜8、タイプ13〜15の七つのタイプは、すべて大学時代が×である点で共通している。大学時代を否定的に振り返るビジネスパーソンは少ないことを示唆している。

・高校時代〜最初の配属先まですべて×のタイプ16は、五・三％と若干五％基準を上回っている。偏差値の高低差はほとんどなく（図表21）、どの出身大学の偏差値帯からもタイプ16は出てくるだろ

	高校時代（大学受験を含む）	大学時代	就職活動	最初の配属先	度数（%）
タイプ1	**○**	**○**	**○**	**○**	**341（35.7）**
タイプ2	**○**	**○**	**○**	**×**	**71（7.4）**
タイプ3	**○**	**○**	**×**	**○**	**58（6.1）**
タイプ4	**○**	**○**	**×**	**×**	**88（9.2）**
タイプ5	○	×	○	○	22（2.3）
タイプ6	○	×	○	×	6（0.6）
タイプ7	○	×	×	○	26（2.7）
タイプ8	○	×	×	×	42（4.4）
タイプ9	**×**	**○**	**○**	**○**	**99（10.4）**
タイプ10	×	○	○	×	38（4.0）
タイプ11	×	○	×	○	42（4.4）
タイプ12	×	○	×	×	35（3.7）
タイプ13	×	×	○	○	15（1.6）
タイプ14	×	×	○	×	3（0.3）
タイプ15	×	×	×	○	17（1.8）
タイプ16	**×**	**×**	**×**	**×**	**51（5.3）**
					954（100.0）

図表20　高校から配属先までの評価タイプ（25～29歳）

タイプ	全体	偏差値 60 以上	偏差値 50-59	偏差値 49 以下
タイプ１	**341（35.7）**	**67（42.4）**	**155（35.1）**	**117（34.1）**
タイプ２	**71（7.4）**	**7（4.4）**	**31（7.0）**	**32（9.3）**
タイプ３	**58（6.1）**	**11（7.0）**	**31（7.0）**	**15（4.4）**
タイプ４	**88（9.2）**	**13（8.2）**	**46（10.4）**	**28（8.2）**
タイプ５	22（2.3）	8（5.1）	7（1.6）	6（1.7）
タイプ６	6（0.6）	1（0.6）	4（0.9）	1（0.3）
タイプ７	26（2.7）	4（2.5）	11（2.5）	11（3.2）
タイプ８	42（4.4）	5（3.2）	19（4.3）	16（4.7）
タイプ９	**99（10.4）**	**10（6.3）**	**43（9.7）**	**45（13.1）**
タイプ 10	38（4.0）	4（2.5）	22（5.0）	12（3.5）
タイプ 11	42（4.4）	9（5.7）	19（4.3）	14（4.1）
タイプ 12	35（3.7）	5（3.2）	18（4.1）	11（3.2）
タイプ 13	15（1.6）	0（0.0）	7（1.6）	8（2.3）
タイプ 14	3（0.3）	1（0.6）	1（0.2）	1（0.3）
タイプ 15	17（1.8）	4（2.5）	6（1.4）	7（2.0）
タイプ 16	**51（5.3）**	**9（5.7）**	**22（5.0）**	**19（5.5）**
	954（100.0）	158（100.0）	422（100.0）	343（100.0）

図表 21　高校から配属先までの評価タイプ（出身大学の偏差値別）（25 ～ 29 歳）

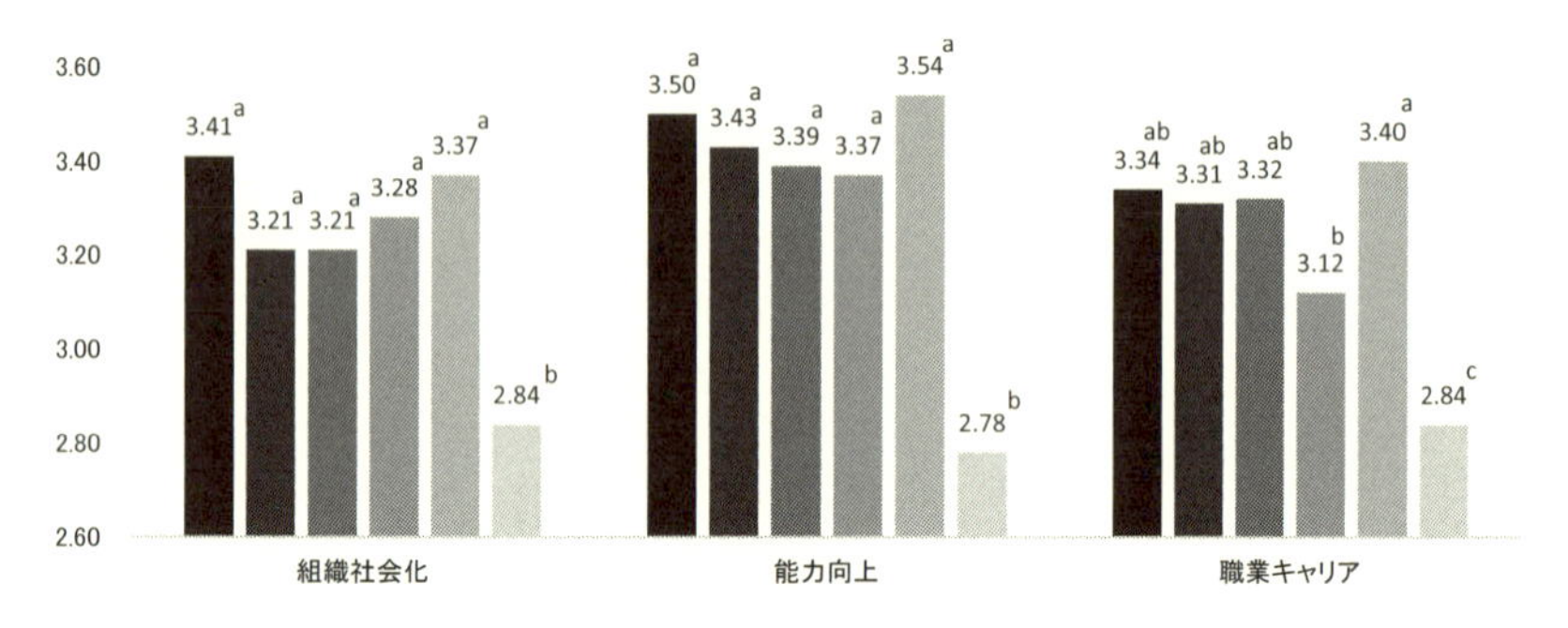

図表22　高校～最初の配属先における○×タイプによる組織社会化、能力向上、職業キャリアの得点差（25～29歳）

※一要因分散分析の結果は下記の通りである。多重比較はTukey法でおこない、有意差の見られたところをa, b, cで図中に記している。
組織社会化：$F(5, 707) = 8.019, p < .001$、$\eta^2 = .06$（効果量中）
能力向上：$F(5, 707) = 15.218, p < .001$、効果量$\eta^2 = .10$（効果量中）
職業キャリア：$F(5, 707) = 11.356, p < .001$、効果量$\eta^2 = .08$（効果量中）

うと予測される。

・タイプ2（○○○×　七・四％）、タイプ3（○○×○　六・一％）、タイプ4（○○××　九・二％）を合わせると、計二三・七％である。約二割の人は、高校・大学時代と肯定的に過ごしながらも、就職活動・最初の配属先のいずれかで否定的になる可能性があることを示唆している。出身大学の偏差値別に見ても高低差はさほどなく、どの偏差値帯からもこれらのタイプは出てくるだろうと予測される。

・図表22を見ると、組織社会化、能力向上、職業キャリアすべてにおいてタイプ間で○・一％水準の有意差が見られる。いずれも効果量が中程度で、タイプ間の差が十分認められるという結果である。

タイプ間の得点差をTukey法で検討した結果、

いずれにおいても、タイプ16（bあるいはc）が他のタイプに比べて有意に得点が低いことがわかった。組織社会化、能力向上においてはタイプ1～9（すべてa）の間に差は見られないが、職業キャリアにおいては、タイプ9の得点（a）がもっとも高く、タイプ4の得点（b）がタイプ16（c）との間に位置していた。

タイプ4は○○××と振り返るタイプであり、高校・大学時代を肯定的に過ごせても、就職活動、最初の配属先を否定的に評価する場合には、職業キャリアが弱くなるようである。出身大学の偏差値別に見ても、タイプ4はどの偏差値帯からも出てくるだろうと予測される（図表21）。

なお、タイプ間の差の検定でaのみ、bのみと記載されれば、aはbよりも有意に得点が高い（低い）ことを表している。abというのは、aとbに有意な差が認められず、またがっていることを表している。以下同様である。

「高校時代（大学受験を含む）」「大学時代」「就職活動」「最初の配属先」の○×の評価の理由を、予備調査（二〇一二年三月）での自由記述をもとに項目化して、複数選択で回答を求めた。その結果を**図表23～30**に示す。

当てはまる理由にチェックしていれば1点、していなければ0点と得点化して、図表ではその平均値を示している。値が0.35であれば、三五％の人がチェックしたことを表している。「高校時代」

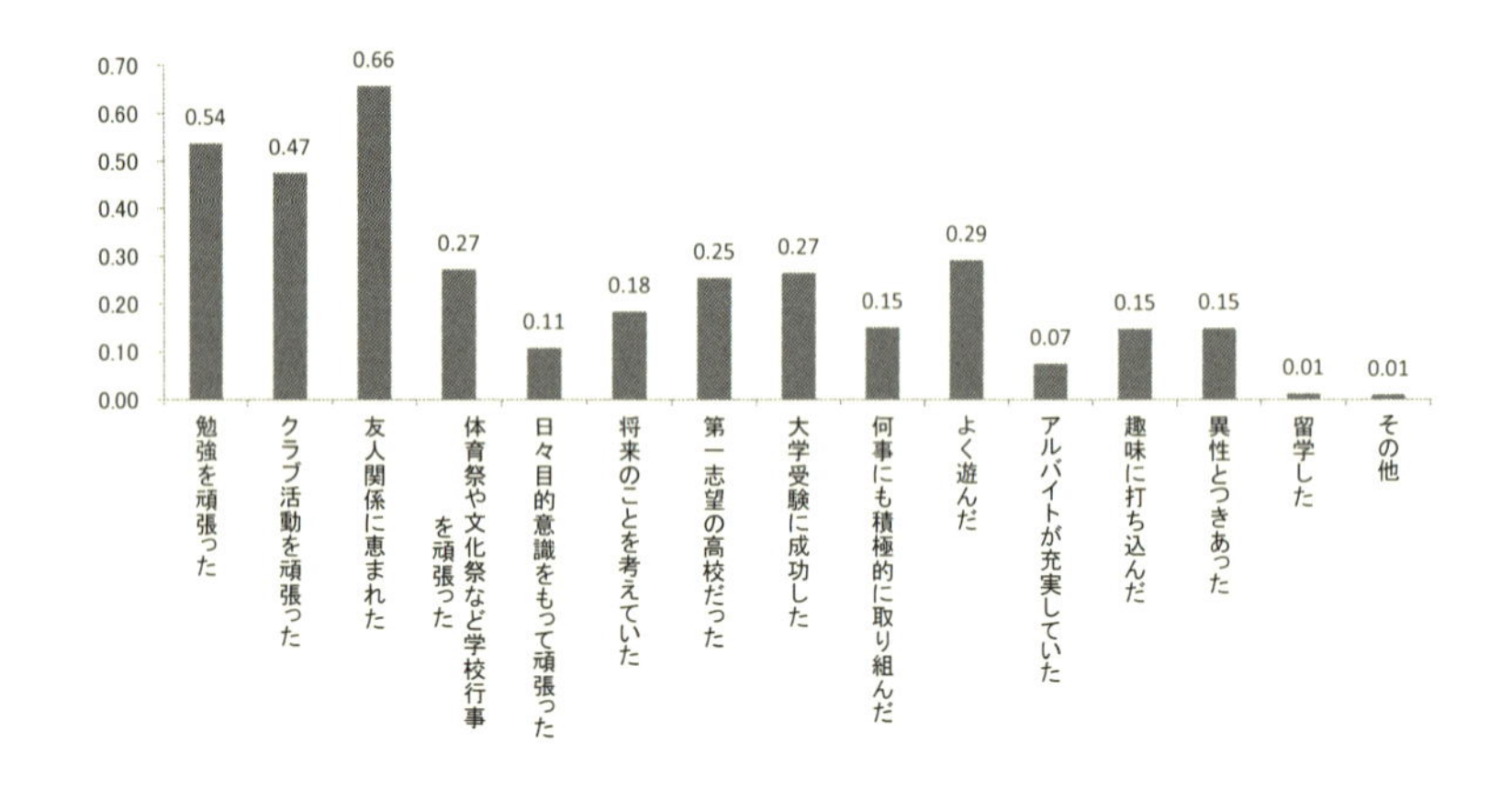

○の理由	全体	偏差値 60 以上	偏差値 50-59	偏差値 49 以下
勉強を頑張った	**0.54**	**0.66**	**0.58**	**0.42**
クラブ活動を頑張った	**0.47**	**0.42**	**0.49**	**0.48**
友人関係に恵まれた	**0.66**	**0.63**	**0.66**	**0.67**
体育祭や文化祭など学校行事を頑張った	0.27	0.24	0.30	0.26
日々目的意識をもって頑張った	0.11	0.10	0.11	0.12
将来のことを考えていた	0.18	0.19	0.19	0.18
第一志望の高校だった	0.25	0.24	0.27	0.26
大学受験に成功した	0.27	0.29	0.31	0.20
何事にも積極的に取り組んだ	0.15	0.12	0.16	0.15
よく遊んだ	0.29	0.20	0.29	0.35
アルバイトが充実していた	0.07	0.03	0.07	0.11
趣味に打ち込んだ	0.15	0.08	0.16	0.16
異性とつきあった	0.15	0.11	0.14	0.18
留学した	0.01	0.02	0.01	0.01
その他	0.01	0.02	0.01	0.00

図表 23　高校時代（大学受験を含む）の○の理由（25 ～ 29 歳）

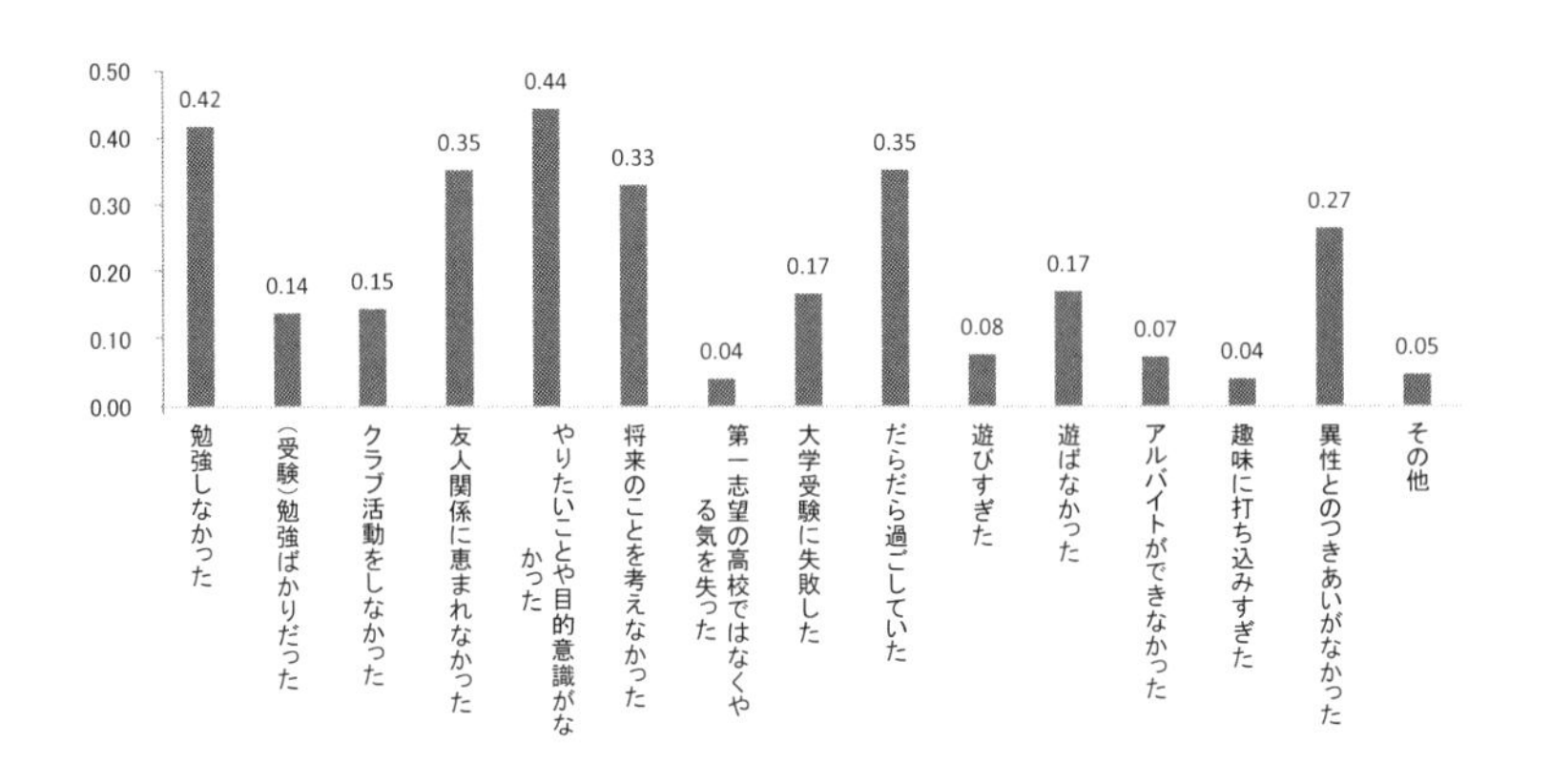

×の理由	全体	偏差値60以上	偏差値50-59	偏差値49以下
勉強しなかった	**0.42**	0.25	**0.40**	**0.51**
(受験) 勉強ばかりだった	0.14	0.27	0.13	0.09
クラブ活動をしなかった	0.15	0.11	0.15	0.15
友人関係に恵まれなかった	**0.35**	**0.36**	**0.39**	0.32
やりたいことや目的意識がなかった	**0.44**	**0.41**	**0.43**	**0.48**
将来のことを考えなかった	0.33	0.20	0.35	**0.37**
第一志望の高校ではなくやる気を失った	0.04	0.05	0.04	0.05
大学受験に失敗した	0.17	0.16	0.15	0.19
だらだら過ごしていた	**0.35**	**0.39**	0.33	0.37
遊びすぎた	0.08	0.05	0.07	0.10
遊ばなかった	0.17	0.14	0.19	0.16
アルバイトができなかった	0.07	0.09	0.08	0.07
趣味に打ち込みすぎた	0.04	0.02	0.04	0.06
異性とのつきあいがなかった	0.27	0.30	0.27	0.24
その他	0.05	0.07	0.02	0.08

図表24　高校時代（大学受験を含む）の×の理由（25～29歳）

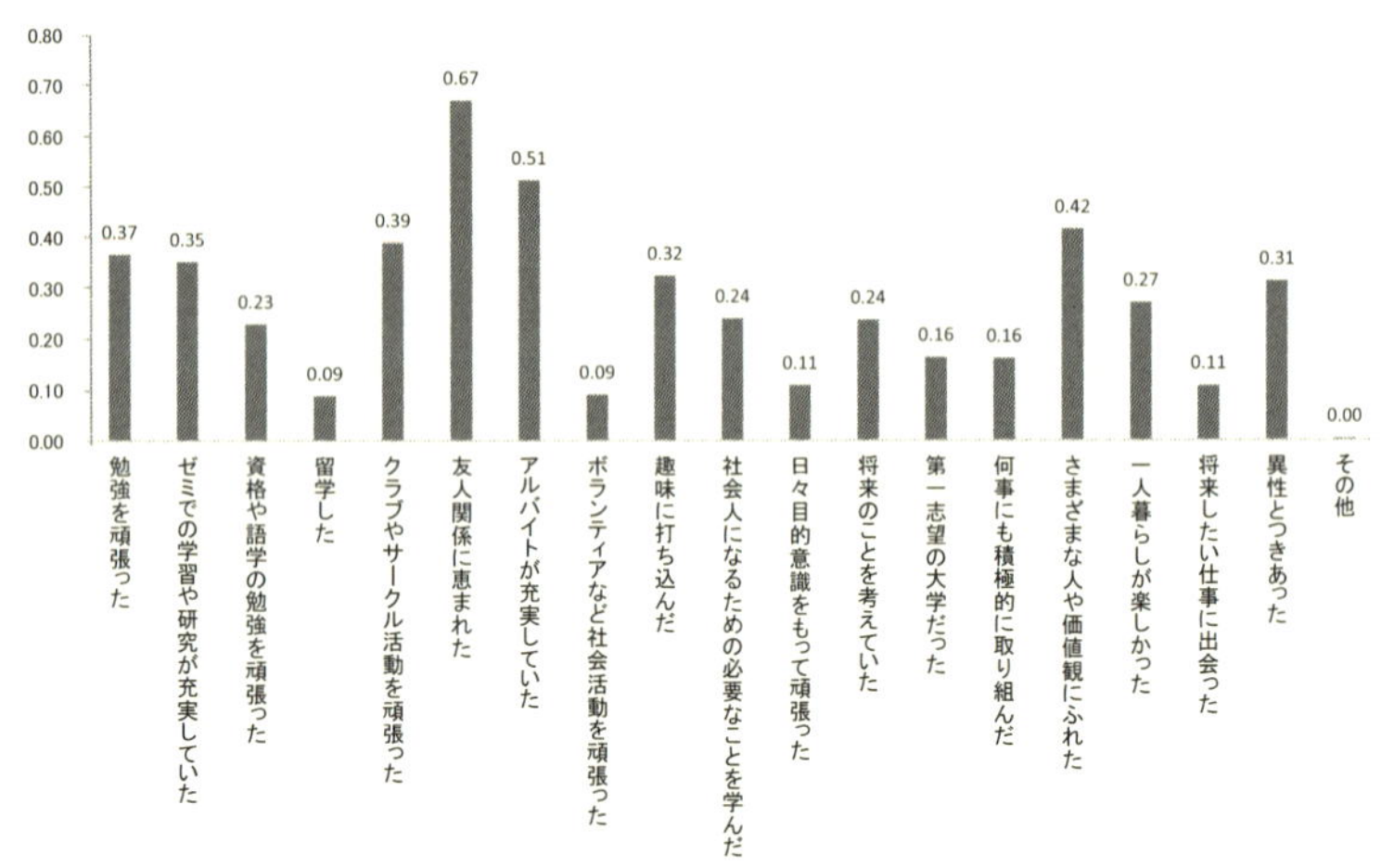

○の理由	全体	偏差値 60 以上	偏差値 50-59	偏差値 49 以下
勉強を頑張った	0.37	0.38	0.36	**0.37**
ゼミでの学習や研究が充実していた	0.35	0.39	0.37	0.31
資格や語学の勉強を頑張った	0.23	0.19	0.23	0.24
留学した	0.09	0.15	0.08	0.07
クラブやサークル活動を頑張った	0.39	**0.48**	0.39	0.35
友人関係に恵まれた	**0.67**	**0.60**	**0.70**	**0.67**
アルバイトが充実していた	**0.51**	**0.45**	**0.51**	**0.56**
ボランティアなど社会活動を頑張った	0.09	0.11	0.09	0.09
趣味に打ち込んだ	0.32	0.30	0.32	0.34
社会人になるための必要なことを学んだ	0.24	0.20	0.24	0.27
日々目的意識をもって頑張った	0.11	0.08	0.11	0.11
将来のことを考えていた	0.24	0.20	0.26	0.22
第一志望の大学だった	0.16	0.20	0.19	0.11
何事にも積極的に取り組んだ	0.16	0.12	0.18	0.15
さまざまな人や価値観にふれた	**0.42**	0.43	**0.45**	**0.37**
一人暮らしが楽しかった	0.27	0.28	0.30	0.24
将来したい仕事に出会った	0.11	0.10	0.12	0.09
異性とつきあった	0.31	0.26	0.34	0.30
その他	0.00	0.00	0.01	0.00

図表 25　大学時代の○の理由（25 ～ 29 歳）

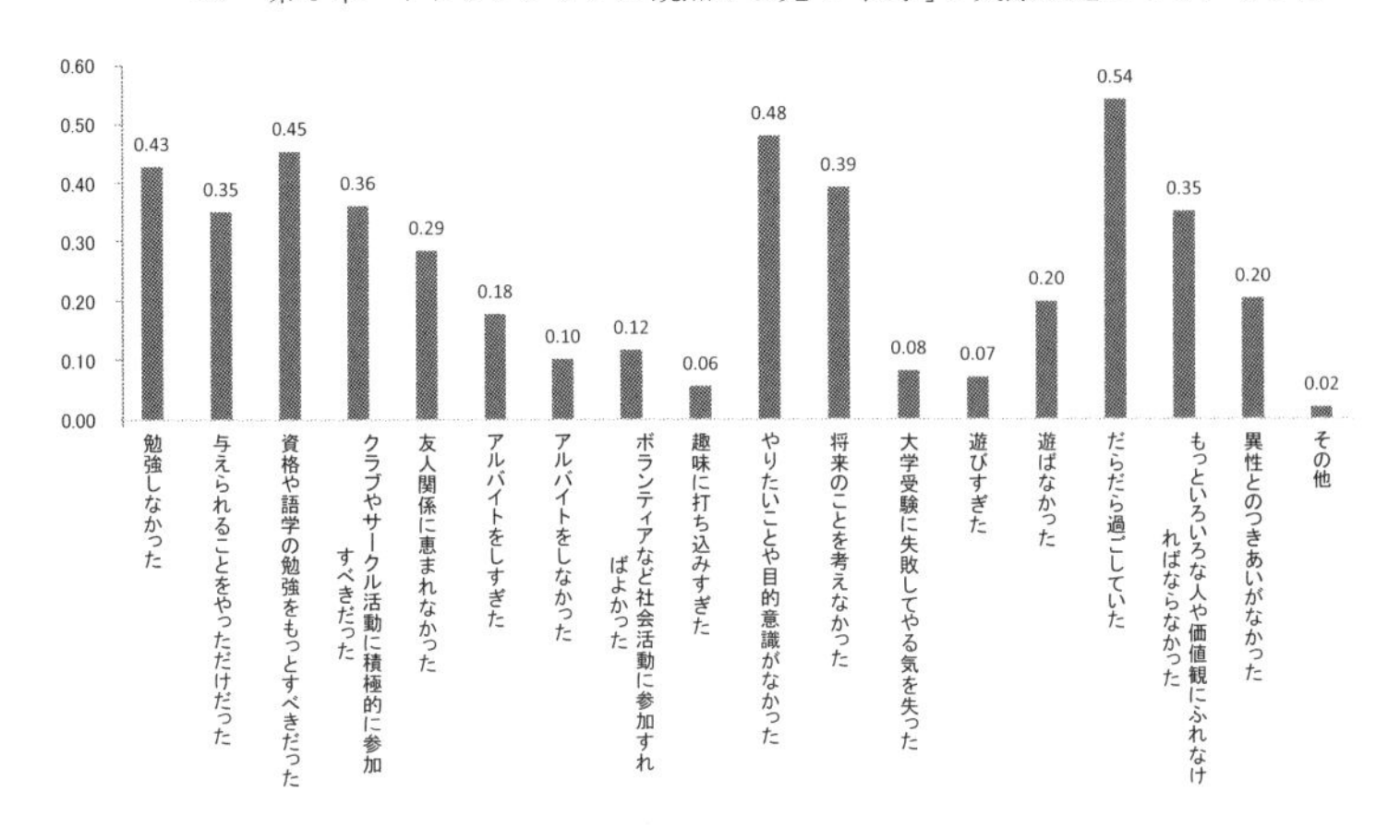

×の理由	全体	偏差値 60 以上	偏差値 50-59	偏差値 49 以下
勉強しなかった	0.43	**0.41**	0.44	**0.45**
与えられることをやっただけだった	0.35	0.35	0.37	0.36
資格や語学の勉強をもっとすべきだった	**0.45**	**0.41**	**0.51**	0.44
クラブやサークル活動に積極的に参加すべきだった	0.36	0.38	0.37	0.37
友人関係に恵まれなかった	0.29	0.27	0.35	0.21
アルバイトをしすぎた	0.18	0.19	0.16	0.21
アルバイトをしなかった	0.10	0.05	0.12	0.11
ボランティアなど社会活動に参加すればよかった	0.12	0.11	0.12	0.12
趣味に打ち込みすぎた	0.06	0.03	0.04	0.08
やりたいことや目的意識がなかった	**0.48**	0.38	**0.55**	**0.47**
将来のことを考えなかった	0.39	0.27	0.50	0.36
大学受験に失敗してやる気を失った	0.08	0.00	0.13	0.07
遊びすぎた	0.07	0.08	0.07	0.07
遊ばなかった	0.20	0.27	0.17	0.21
だらだら過ごしていた	**0.54**	**0.54**	**0.51**	**0.59**
もっといろいろな人や価値観にふれなければならなかった	0.35	**0.43**	0.38	0.30
異性とのつきあいがなかった	0.20	0.16	0.22	0.22
その他	0.02	0.00	0.04	0.01

図表 26　大学時代の×の理由（25 ～ 29 歳）

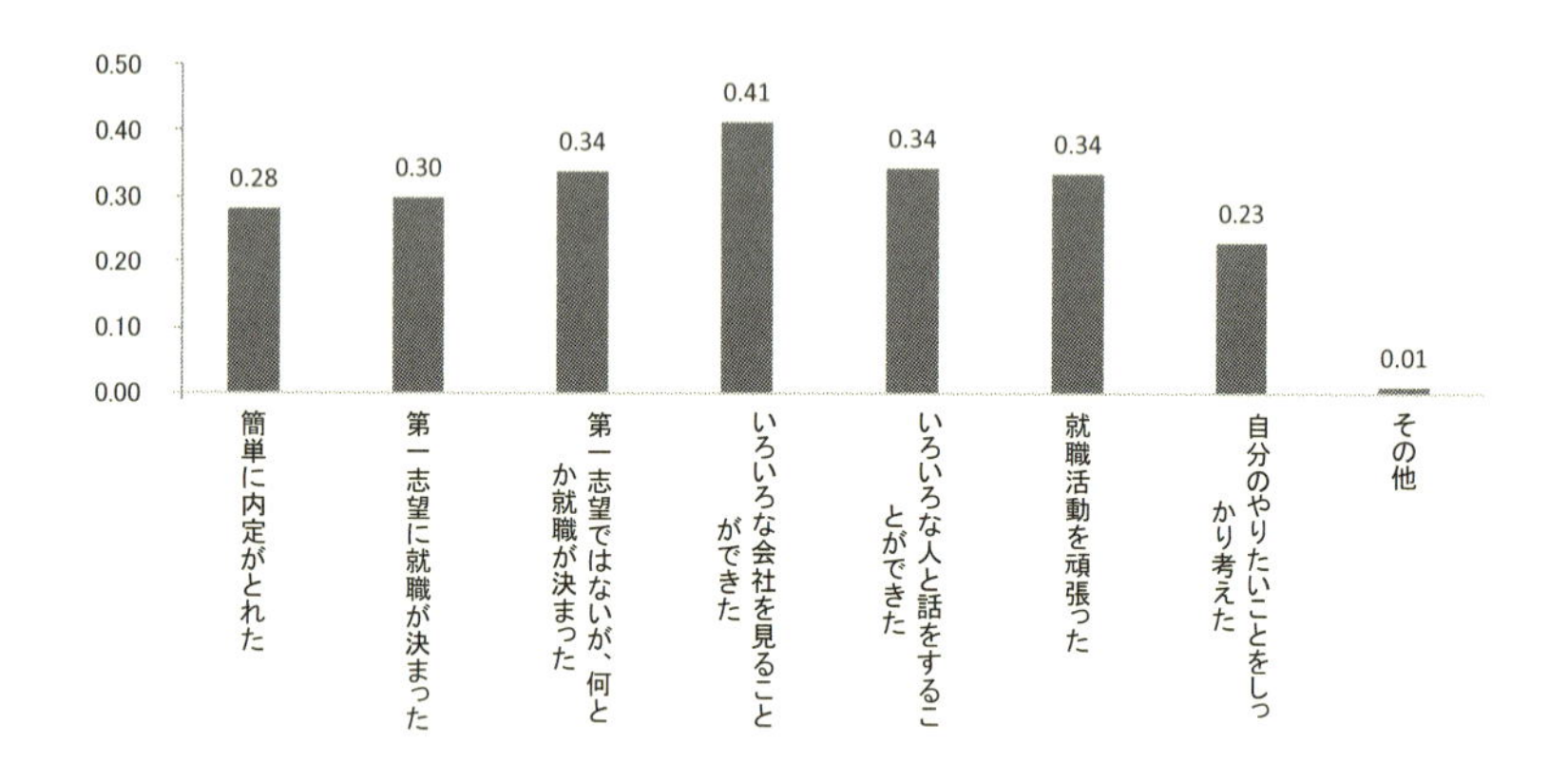

○の理由	全体	偏差値 60 以上	偏差値 50-59	偏差値 49 以下
簡単に内定がとれた	0.28	0.26	0.25	**0.33**
第一志望に就職が決まった	0.30	**0.34**	0.31	0.26
第一志望ではないが、何とか就職が決まった	**0.34**	0.25	0.34	**0.38**
いろいろな会社を見ることができた	**0.41**	**0.40**	**0.45**	**0.36**
いろいろな人と話をすることができた	**0.34**	**0.30**	**0.39**	0.31
就職活動を頑張った	**0.34**	0.23	**0.42**	0.28
自分のやりたいことをしっかり考えた	0.23	0.21	0.27	0.20
その他	0.01	0.00	0.01	0.01

図表 27　就職活動の○の理由（偏差値別）（25 ～ 29 歳）

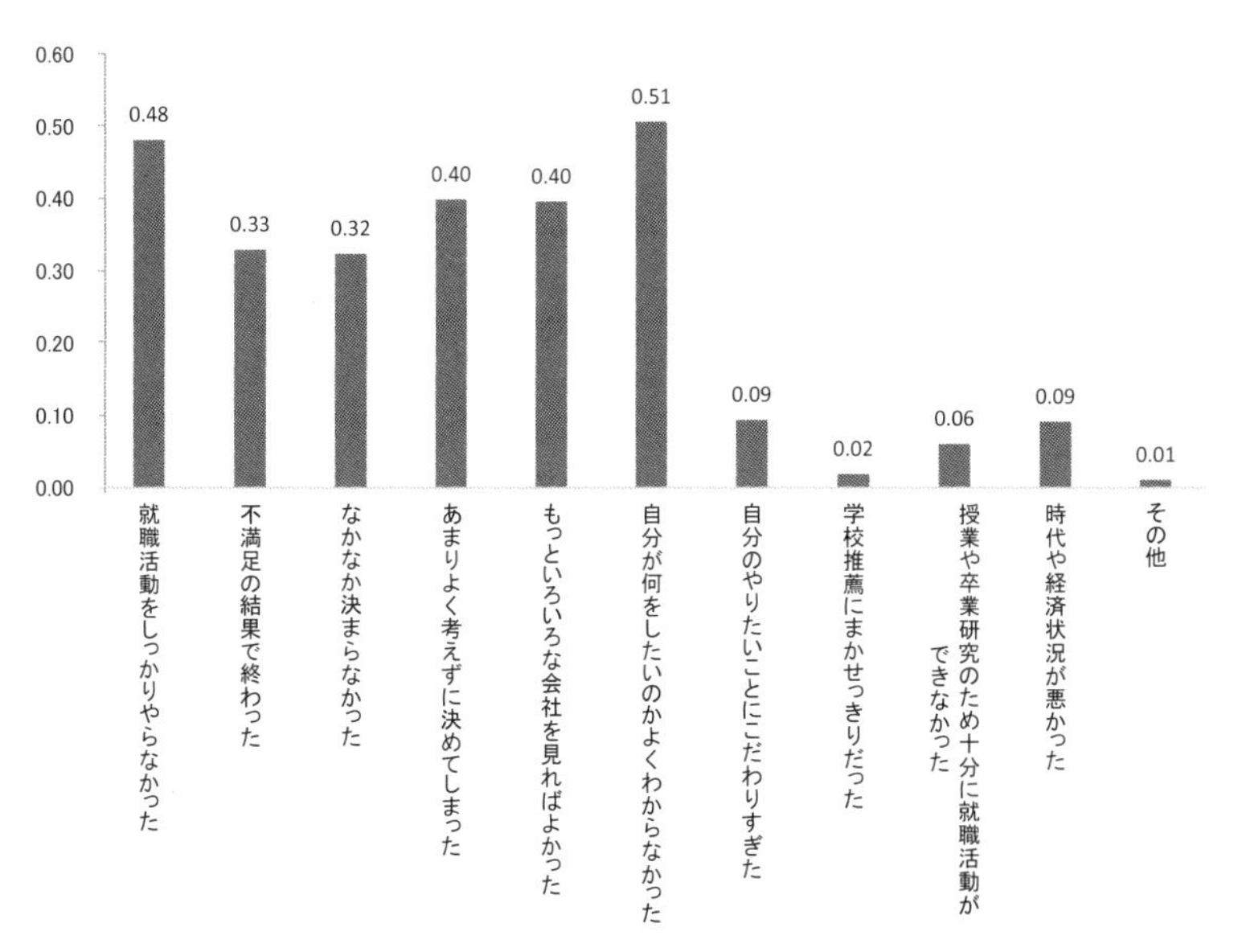

×の理由	全体	偏差値60以上	偏差値50-59	偏差値49以下
就職活動をしっかりやらなかった	**0.48**	0.35	**0.51**	**0.54**
不満足の結果で終わった	0.33	**0.42**	0.30	0.33
なかなか決まらなかった	0.32	**0.40**	0.28	0.34
あまりよく考えずに決めてしまった	**0.40**	0.37	**0.42**	0.40
もっといろいろな会社を見ればよかった	**0.40**	**0.40**	0.38	**0.41**
自分が何をしたいのかよくわからなかった	**0.51**	**0.50**	**0.53**	**0.49**
自分のやりたいことにこだわりすぎた	0.09	0.07	0.09	0.10
学校推薦にまかせっきりだった	0.02	0.02	0.02	0.02
授業や卒業研究のため十分に就職活動ができなかった	0.06	0.02	0.10	0.02
時代や経済状況が悪かった	0.09	0.08	0.10	0.08
その他	0.01	0.00	0.01	0.02

図表28　就職活動の×の理由（25～29歳）

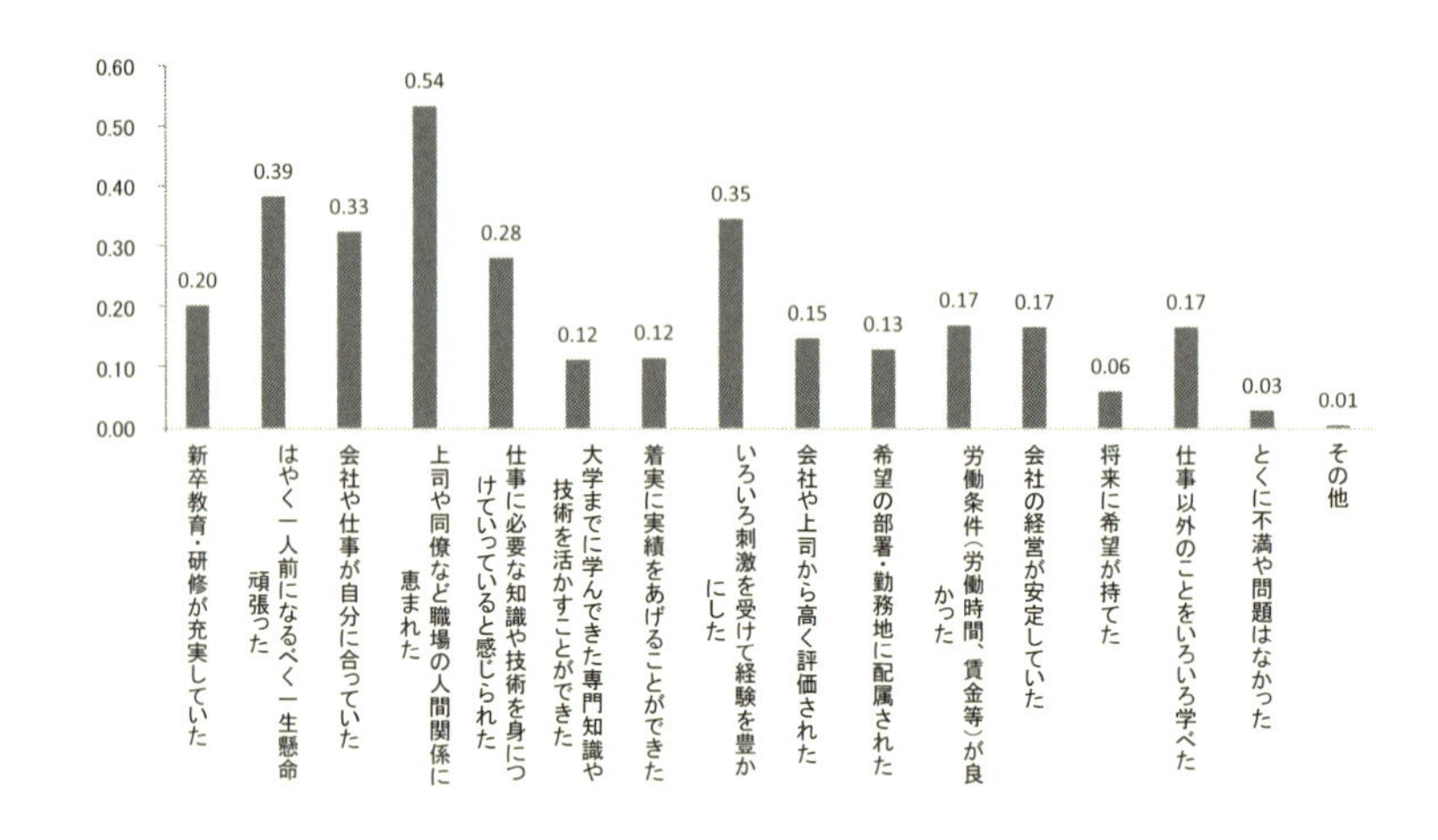

○の理由	全体	偏差値 60 以上	偏差値 50-59	偏差値 49 以下
新卒教育・研修が充実していた	0.20	0.18	0.22	0.20
はやく一人前になるべく一生懸命頑張った	**0.39**	**0.40**	**0.41**	**0.35**
会社や仕事が自分に合っていた	0.33	**0.38**	0.30	0.34
上司や同僚など職場の人間関係に恵まれた	**0.54**	**0.50**	**0.53**	**0.57**
仕事に必要な知識や技術を身につけていっていると感じられた	0.28	0.30	0.29	0.26
大学までに学んできた専門知識や技術を活かすことができた	0.12	0.07	0.14	0.10
着実に実績をあげることができた	0.12	0.08	0.14	0.11
いろいろ刺激を受けて経験を豊かにした	**0.35**	0.32	**0.36**	**0.35**
会社や上司から高く評価された	0.15	0.13	0.16	0.16
希望の部署・勤務地に配属された	0.13	0.16	0.15	0.10
労働条件（労働時間、賃金等）が良かった	0.17	0.18	0.19	0.14
会社の経営が安定していた	0.17	0.15	0.20	0.14
将来に希望が持てた	0.06	0.08	0.09	0.03
仕事以外のことをいろいろ学べた	0.17	0.08	0.18	0.20
とくに不満や問題はなかった	0.03	0.03	0.03	0.03
その他	0.01	0.02	0.01	0.00

図表 29　最初の配属先の○の理由（25 ～ 29 歳）

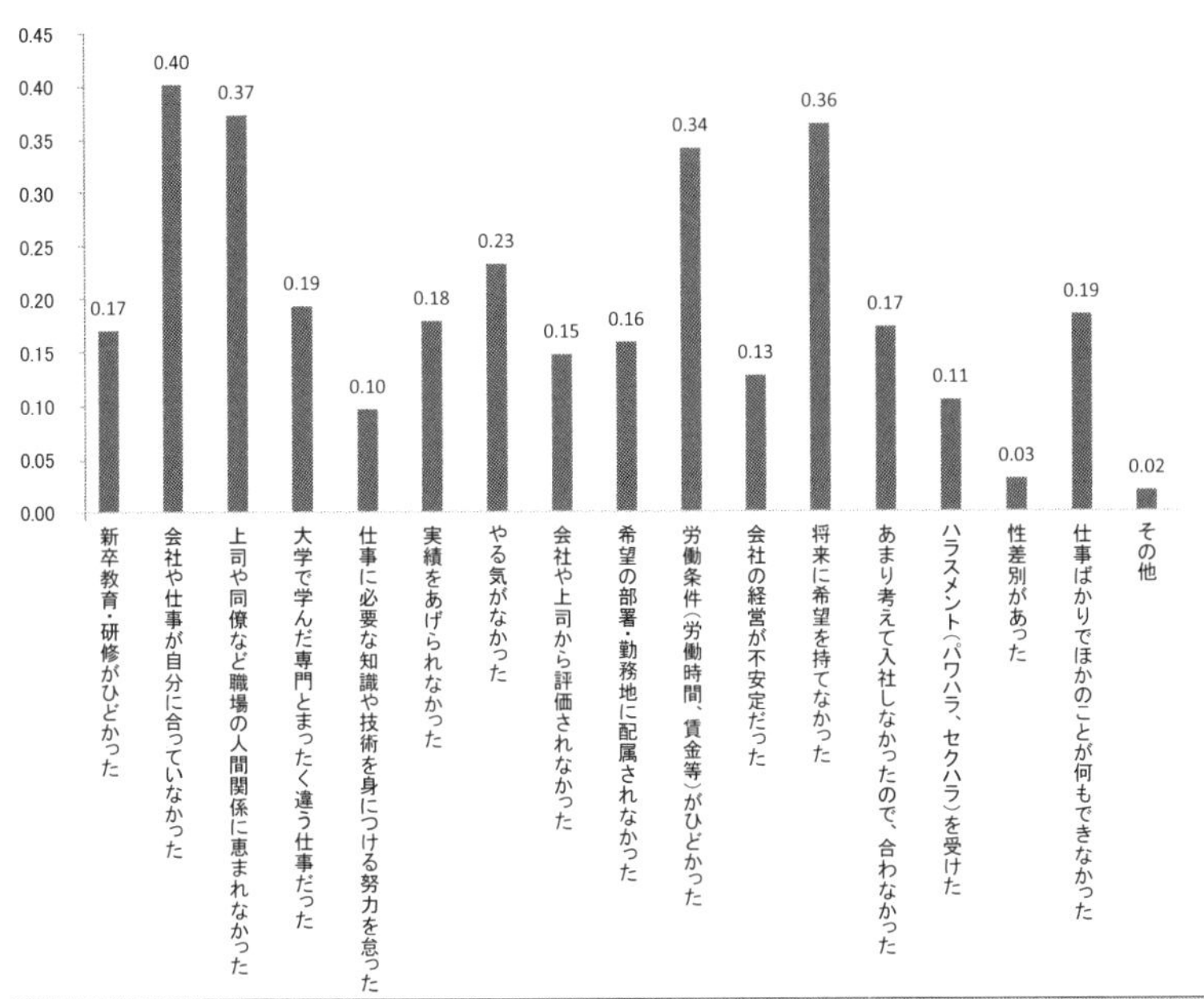

×の理由	全体	偏差値60以上	偏差値50-59	偏差値49以下
新卒教育・研修がひどかった	0.17	0.18	0.18	0.15
会社や仕事が自分に合っていなかった	**0.40**	**0.34**	**0.43**	**0.39**
上司や同僚など職場の人間関係に恵まれなかった	**0.37**	**0.42**	**0.34**	**0.39**
大学で学んだ専門とまったく違う仕事だった	0.19	0.18	0.19	0.22
仕事に必要な知識や技術を身につける努力を怠った	0.10	0.12	0.10	0.08
実績をあげられなかった	0.18	0.22	0.16	0.19
やる気がなかった	0.23	0.20	0.22	0.28
会社や上司から評価されなかった	0.15	0.22	0.13	0.15
希望の部署・勤務地に配属されなかった	0.16	0.10	0.16	0.19
労働条件（労働時間、賃金等）がひどかった	0.34	**0.34**	**0.34**	**0.35**
会社の経営が不安定だった	0.13	0.10	0.11	0.16
将来に希望を持てなかった	**0.36**	**0.40**	**0.37**	**0.35**
あまり考えて入社しなかったので、合わなかった	0.17	0.18	0.19	0.15
ハラスメント（パワハラ、セクハラ）を受けた	0.11	0.12	0.09	0.09
性差別があった	0.03	0.06	0.03	0.02
仕事ばかりでほかのことが何もできなかった	0.19	0.20	0.18	0.19
その他	0.02	0.02	0.02	0.02

図表30　最初の配属先の×の理由（25～29歳）

「大学時代」「就職活動」「最初の配属先」の○×の理由を、該当率の高い上位三つ（同%の場合は四つ）を基準にして考察していく。

・「高校時代」の○の理由（図表23）を見ると、全体で「友人関係に恵まれた」(0.66)、「勉強を頑張った」(0.54)、「クラブ活動を頑張った」(0.47）の項目が多く選ばれていた。

出身大学の偏差値別に見ると、「友人関係に恵まれた」は偏差値帯に関係なく該当率が高かった。「勉強を頑張った」は、偏差値60以上（の大学出身者、以下同様）(0.66）でより多く見られた（偏差値49以下では0.42)。

×の理由（図表24を参照）として多く選ばれたのは、全体で「やりたいことや目的意識がなかった」(0.44)、「勉強しなかった」(0.42)、「友人関係に恵まれなかった」(0.35)、「だらだら過ごしていた」(0.35）であった。

出身大学の偏差値別に見ると、「やりたいことや目的意識がなかった」は偏差値帯に関係なく該当率が高かった。「勉強しなかった」は、偏差値49以下（0.51）でより多く見られた（偏差値60以上では0.25)。

・「大学時代」の○の理由（図表25を参照）として多く選ばれたのは、全体で「友人関係に恵まれた」(0.67)、「アルバイトが充実していた」(0.51)、「さまざまな人や価値観にふれた」(0.42）であった。

出身大学の偏差値別に見ると、「友人関係に恵まれた」は偏差値帯に関係なく該当率が高かった。

「クラブやサークル活動を頑張った」は偏差値60以上（0.48）でより多く見られた（偏差値49以下では0.35）。

×の理由（**図表26**を参照）として多く見られたのは、全体で「だらだら過ごしていた」（0.54）、「やりたいことや目的意識がなかった」（0.48）、「資格や語学の勉強をもっとすべきだった」（0.45）であった。

出身大学の偏差値別に見ると、「だらだら過ごしていた」は偏差値帯に関係なく該当率が高かった。「やりたいことや目的意識がなかった」は、偏差値50～59（0.55）、49以下（0.47）でより多く見られた（偏差値60以上では0.38）。

・「就職活動」の〇の理由（**図表27**を参照）として多く見られたのは、全体で「いろいろな会社を見ることができた」（0.41）、「第一志望ではないが、何とか就職が決まった」（0.34）、「いろいろな人と話をすることができた」（0.34）、「就職活動を頑張った」（0.34）であった。

出身大学の偏差値別に見ると、「いろいろな会社を見ることができた」は偏差値帯に関係なく該当率が高かった。「第一志望ではないが、何とか就職が決まった」は偏差値49以下（0.38）でより多く見られた（偏差値60以上では0.25）。「第一志望に就職が決まった」は、偏差値60以上（0.34）でより多く見られたが、49以下の偏差値帯（0.26）と比べてせいぜい八％の差でしかなかった。

×の理由（**図表28**を参照）として多く見られたのは、「自分が何をしたいのかよくわからなかった」（0.51）、「就職活動をしっかりやらなかった」（0.48）、「あまりよく考えずに決めてしまった」（0.40）、「もっといろいろな会社を見れば良かった」（0.40）であった。

出身大学の偏差値別に見ると、「自分が何をしたいのかよくわからなかった」は偏差値帯に関係なく該当率が高かった。「就職活動をしっかりやらなかった」は、偏差値50～59（0.51）、49以下（0.54）でより多く見られた（偏差値60以上では0.35）。

・「最初の配属先」の○の理由（**図表29**を参照）として多く見られたのは、全体で「上司や同僚など職場の人間関係に恵まれた」（0.54）、「はやく一人前になるべく一生懸命頑張った」（0.39）、「いろいろ刺激を受けて経験を豊かにした」（0.35）であった。出身大学の偏差値別に見ると、いずれも偏差値帯に関係なく該当率が高かった。

×の理由（**図表30**を参照）として多く見られたのは、「会社や仕事が自分に合っていなかった」（0.40）、「上司や同僚など職場の人間関係に恵まれなかった」（0.37）、「将来に希望を持てなかった」（0.36）であった。出身大学の偏差値別に見ると、いずれも偏差値帯に関係なく該当率が高かった。

4　高校生から大学生にかけてのキャリア意識は仕事に影響を及ぼしているか

本節では、高校生から大学生にかけてキャリア意識をどの程度持っていたかを検討する。

「「高校一～二年生」「高校三年生」「大学一～二年生」のときを振り返って、自分の将来についての見通し（将来こういう風でありたい）を持っていましたか」という教示を与えて、〝持っていた（○）〟〝持っ

	高校1・2年生	高校3年生	大学1・2年生	度数（%）
タイプ1	○	○	○	236（23.8）
タイプ2	○	○	×	74（7.5）
タイプ3	○	×	○	9（0.9）
タイプ4	○	×	×	20（2.0）
タイプ5	×	○	○	72（7.3）
タイプ6	×	○	×	60（6.0）
タイプ7	×	×	○	90（9.1）
タイプ8	×	×	×	431（43.4）
				992（100.0）

図表31　見通しタイプ（25～29歳）

タイプ	全体	偏差値60以上	偏差値50-59	偏差値49以下
タイプ1	236（23.8）	34（20.4）	126（27.5）	71（20.1）
タイプ2	74（7.5）	19（11.4）	32（7.0）	23（6.5）
タイプ3	9（0.9）	1（0.6）	5（1.1）	3（0.8）
タイプ4	20（2.0）	2（1.2）	7（1.5）	10（2.8）
タイプ5	72（7.3）	11（6.6）	34（7.4）	25（7.1）
タイプ6	60（6.0）	9（5.4）	31（6.8）	19（5.4）
タイプ7	90（9.1）	15（9.0）	33（7.2）	41（11.6）
タイプ8	431（43.4）	76（45.5）	191（41.6）	162（45.8）
	992（100.0）	167（100.0）	459（100.0）	354（100.0）

図表32　見通しタイプ（偏差値別）（25～29歳）

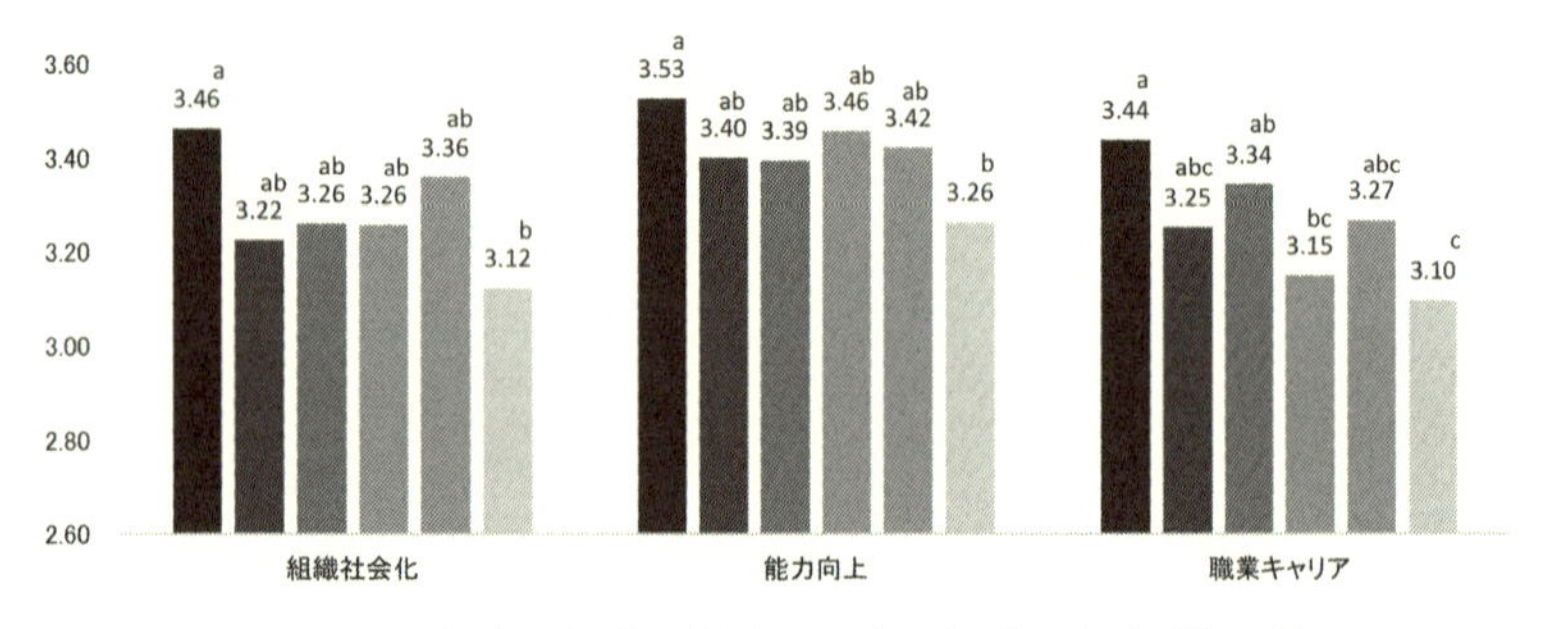

図表33　見通しタイプによる組織社会化、能力向上、職業キャリアの得点差（25～29歳）

※一要因分散分析の結果は下記の通りである。多重比較はTukey法でおこない、有意差の見られたところをa, b, cで図中に記している。
組織社会化：$F(5, 957)=8.824, p<.001$、$\eta^2=.05$（効果量小）
能力向上：$F(5, 957)=6.358, p<.001$、$\eta^2=.03$（効果量小）
職業キャリア：$F(5, 957)=15.010, p<.001$、$\eta^2=.07$（効果量中）

ていなかった（×）〃のいずれかで回答を求めた。三つの時期の組み合わせをもとにタイプ（以下「見通しタイプ」）を作ったのが**図表31**である。

前節と同様に、出身大学（学部）の偏差値別による結果を示したものが**図表32**であり、見通しタイプによる組織社会化、能力向上、職業キャリアの得点差を示したものが**図表33**である。

考察の際に、偏差値帯による差を検討する基準としての一〇％の設定も、前節同様である。

・図表31を見ると、もっとも多く見られた見通しタイプは8（高校一・二年生、高校三年生、大学一・二年生の順に×××、以下同様。四三・四％）であり、日本のビジネスパーソンの四割がキャリア意識を持たずに高校から大学の時期を過ごしたことがわかる。

出身大学の偏差値帯による差はなく（図表32

を参照）、どの偏差値帯からも見通しタイプ８は出てくるだろうと予測される。組織社会化、能力向上、職業キャリアは他のタイプに比べて有意に得点が低く（図表33を参照）、端的にいえば、職場で仕事ができていないタイプであることを示唆している。

・次に多く見られたのはタイプ１（○○○ 二三・八％）であり、高校から大学にかけてキャリア意識を形成してきたタイプである。

出身大学の偏差値帯による差はなく、どの偏差値帯からも見通しタイプ１は出てくるだろうと予測される。組織社会化、能力向上、職業キャリアは他のタイプに比べて有意に得点が高く、端的にいえば、職場で仕事ができるタイプであることを示唆している。

タイプ１とタイプ８を合わせると六七・二％であり、日本のビジネスパーソンの七割はタイプ１（○○○）とタイプ８（×××）で説明できることを示唆している。高校時代、大学時代を振り返っての回答であり、現在の状況が「色眼鏡」として影響を及ぼしているわけだが、その「色眼鏡」がかくもわかりやすくキャリア意識（見通しタイプ）と関連しているという興味深い結果である。

・図表31から五％以上の見通しタイプを抽出すると、タイプ３（○×○）とタイプ４（○××）が外れる。

この結果は、高校一・二年生で将来の見通しを持っていて、高校三年生で将来の見通しを持たないというパターンが基本的には見られないことを示唆している。言い換えれば、高校生におけるキャリア形成は、高校三年生を外して、高校一・二年生のそれをしっかり見ていけばよい、という実践的示唆として受け取れる。

・タイプ1・8以外のタイプ2（○○×）、タイプ5（×○○）、タイプ6（×○×）、タイプ7（××○）の組織社会化、能力向上、職業キャリアはすべてタイプ1とタイプ8の間に位置していた（図表33を参照）。

5　職場での仕事と個人年収・役職は関連しているか

学校から仕事へのトランジションを議論するとき、その「仕事」が指すものは人によって相当異なる。

人によっては、組織社会化や能力向上などの職場での仕事をイメージして「仕事」を議論しており、人によってはそのようなことよりも年収や役職、離転職等をイメージして「仕事」を議論している。その結果、たとえば出身大学の偏差値60以上で、前節の見通しタイプ8（×××）のように、職場で仕事ができていない人でも、年収や役職が上であればトランジションは機能しているという議論になる。

ここでは、25～39歳のすべての年齢サンプルを用いて分析をおこなう。「個人年収」「役職」の指標の説明をしておく。「離転職」については、節を変えて「6」で検討する。

ここで分析に用いる個人年収は、インターネットリサーチ会社より回答者の基本情報としてあらかじめいただいているものである。ただし、この情報を提供したくない回答者のそれは、リサーチ会社からの提供段階であらかじめ欠損値となっている。

回答カテゴリーは、〝200万未満〟〝200〜400万未満〟〝400〜600万未満〟〝600〜800万未満〟〝800〜1000万未満〟〝1000〜1200万未満〟〝1200〜1500万未満〟〝1500〜2000万未満〟〝2000万以上〟〝わからない〟であるが、組織社会化、能力向上、職業キャリアの得点差の分析では、度数50未満の〝1000〜1200万未満〟〝1200〜1500万未満〟〝1500〜2000万未満〟〝2000万以上〟〝わからない〟を欠損値として処理している。

役職は、調査の中で、〝一般社員〟〝係長・主任・班長などのポジション〟〝課長・マネージャー・課長補佐などのポジション〟〝部長・次長・副部長など〟〝役員・経営者〟〝その他〟のいずれかで回答を求めている。ただし、組織社会化、能力向上、職業キャリアの得点差の分析では、同様に、度数50未満の〝部長・次長・副部長など〟〝役員・経営者〟〝その他〟を欠損値として処理している。

個人年収による組織社会化、能力向上、職業キャリアの得点差の結果を**図表34**に、出身大学（学部）の偏差値別による結果を**図表35**に示す。また、役職による組織社会化、能力向上、職業キャリアの得点差の結果を**図表36**に、出身大学（学部）の偏差値別による結果を**図表37**に示す。

・図表34を見ると、個人年収によって組織社会化の得点は有意差が見られた。しかしながら、効果

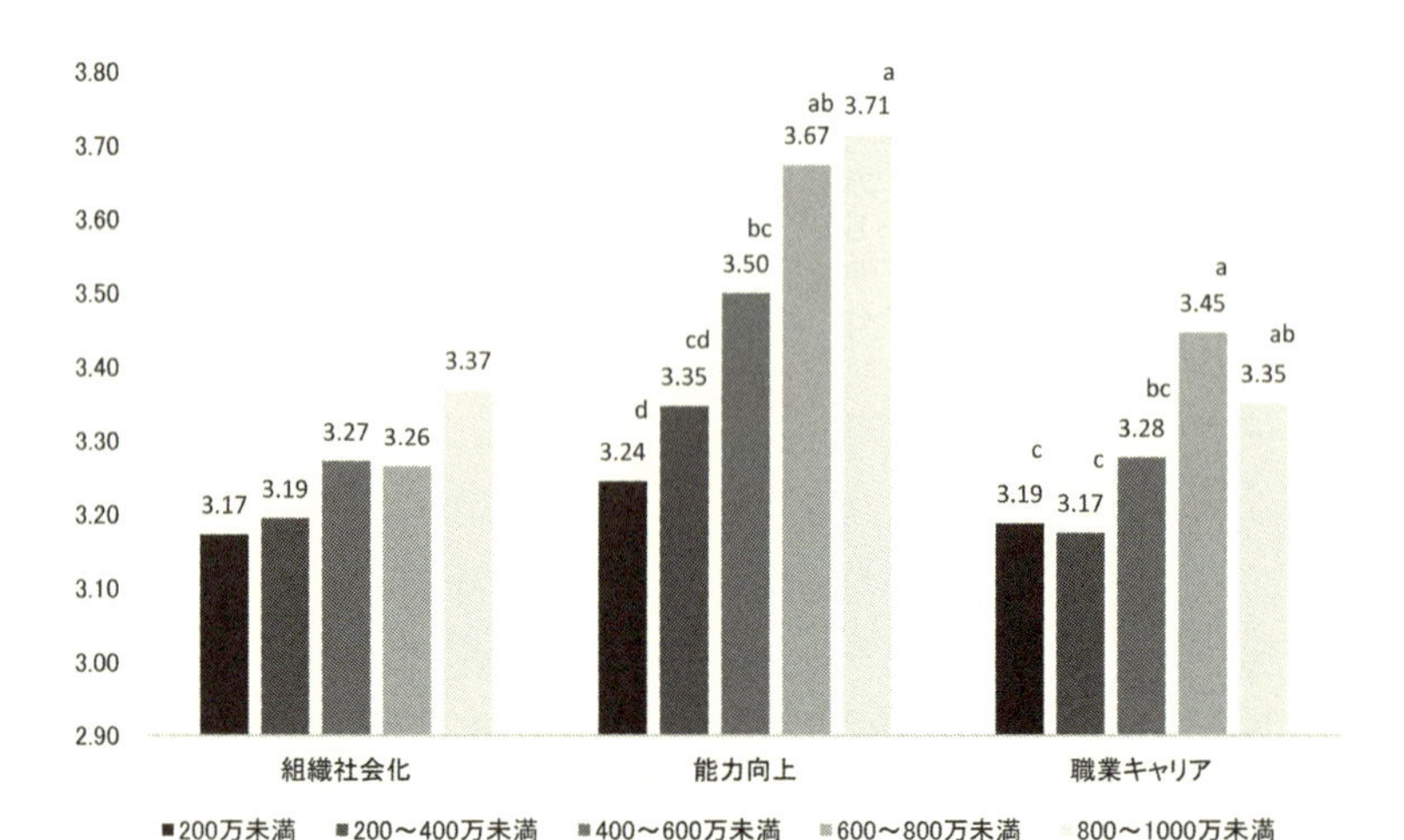

図表 34　個人年収による組織社会化、能力向上、職業キャリアの得点（左より）
差（25 ～ 39 歳）

※一要因分散分析の結果は下記の通りである。多重比較は Tukey 法でおこない、有意差の見られたところを a ～ d で図中に記している。
組織社会化：$F(4, 2536) = 2.557, p < .05$、$\eta^2 = .00$（効果量なし）
能力向上：$F(4, 2536) = 23.206, p < .001$、効果量 $\eta^2 = .04$（効果量小）
職業キャリア：$F(4, 2536) = 15.933, p < .001$、効果量 $\eta^2 = .03$（効果量小）

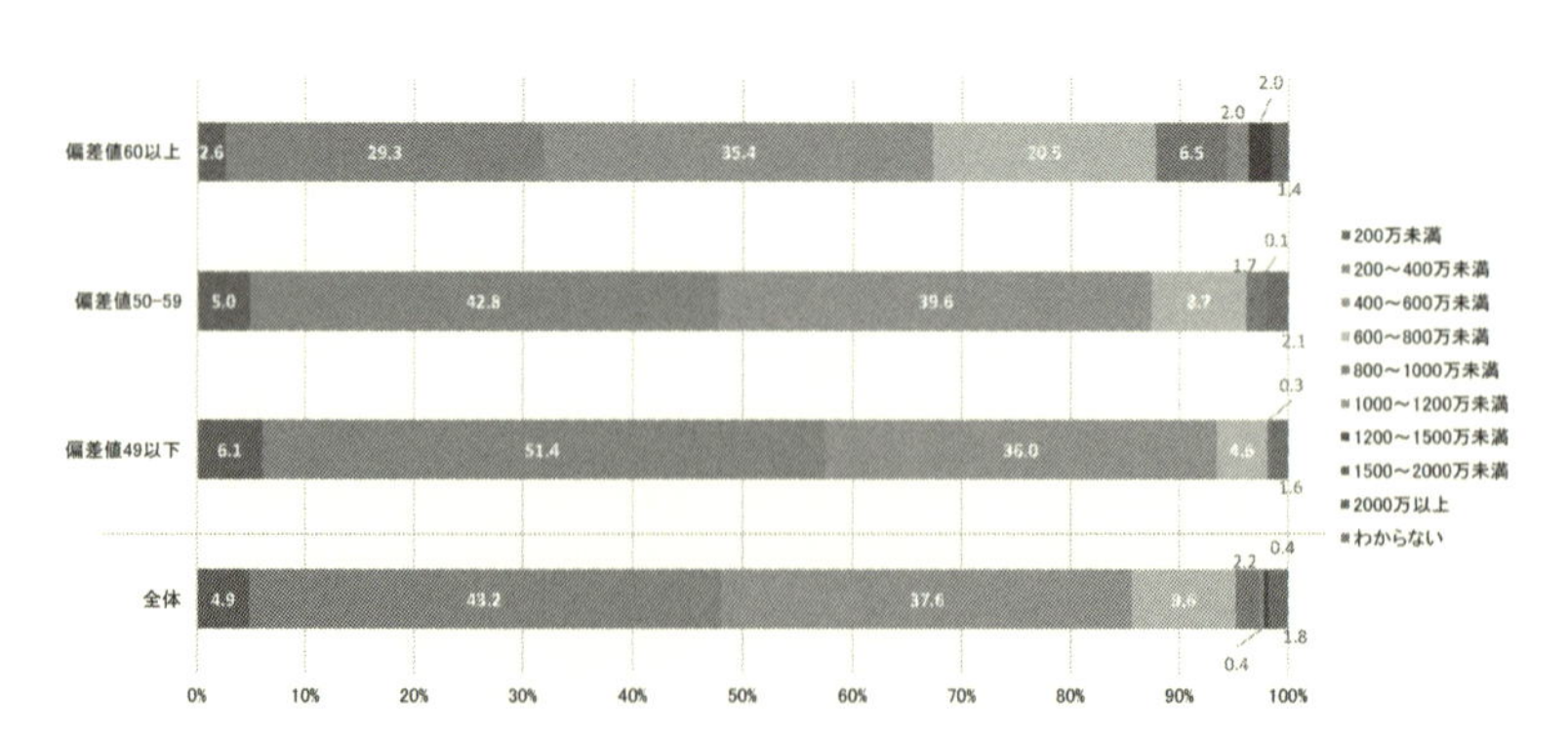

図表 35　出身大学の偏差値別による個人年収の差（25 ～ 39 歳）

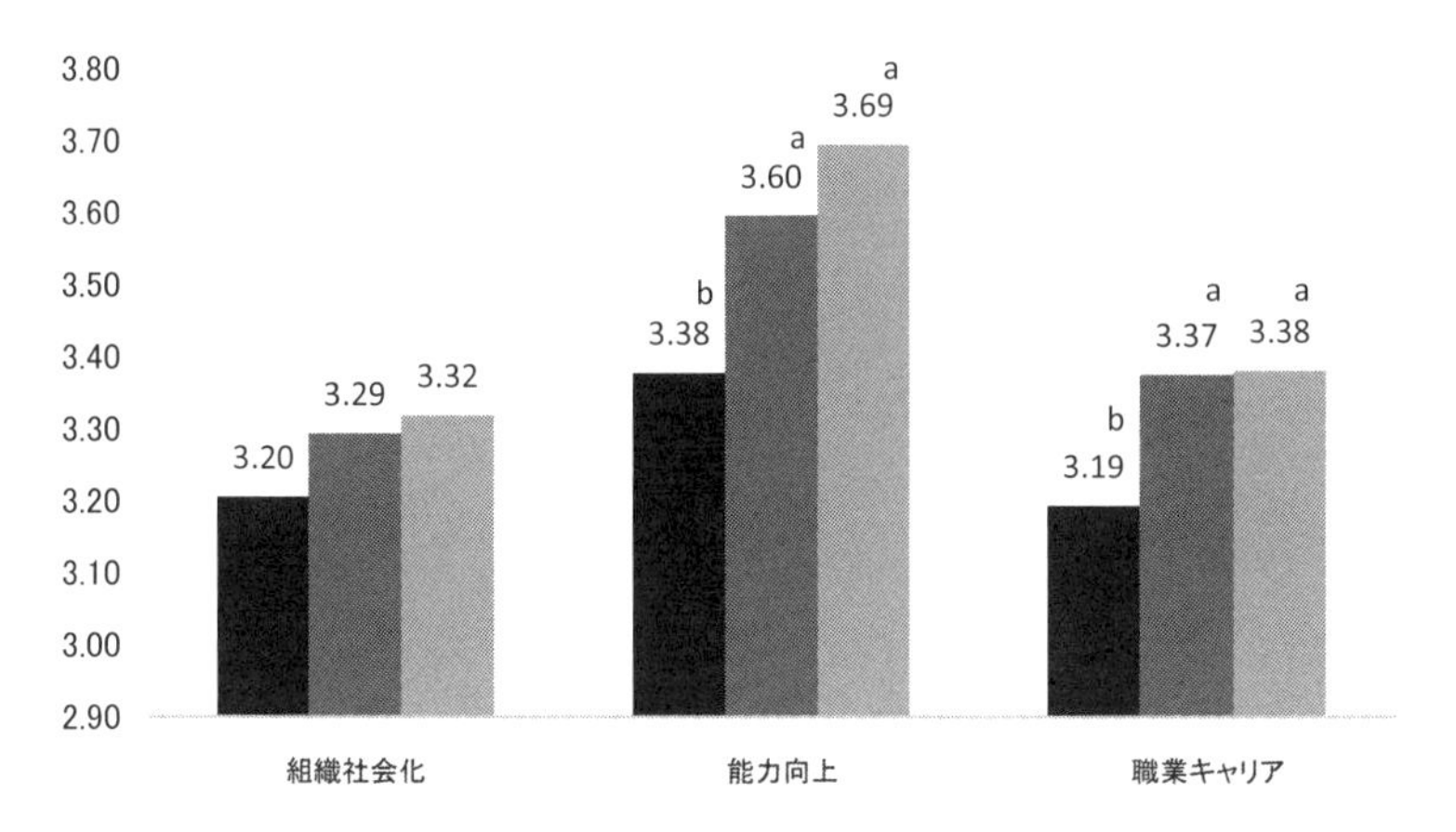

図表 36　役職による組織社会化、能力向上、職業キャリアの得点差（25 〜 39 歳）

※一要因分散分析の結果は下記の通りである。多重比較は Tukey 法でおこない、有意差の見られたところを a、b で図中に記している。
組織社会化：$F(2, 2968) = 5.087, p < .01$、$\eta^2 = .00$（効果量なし）
能力向上：$F(2, 2968) = 41.263, p < .001$、効果量 $\eta^2 = .03$（効果量小）
職業キャリア：$F(2, 2968) = 34.342, p < .001$、効果量 $\eta^2 = .02$（効果量小）

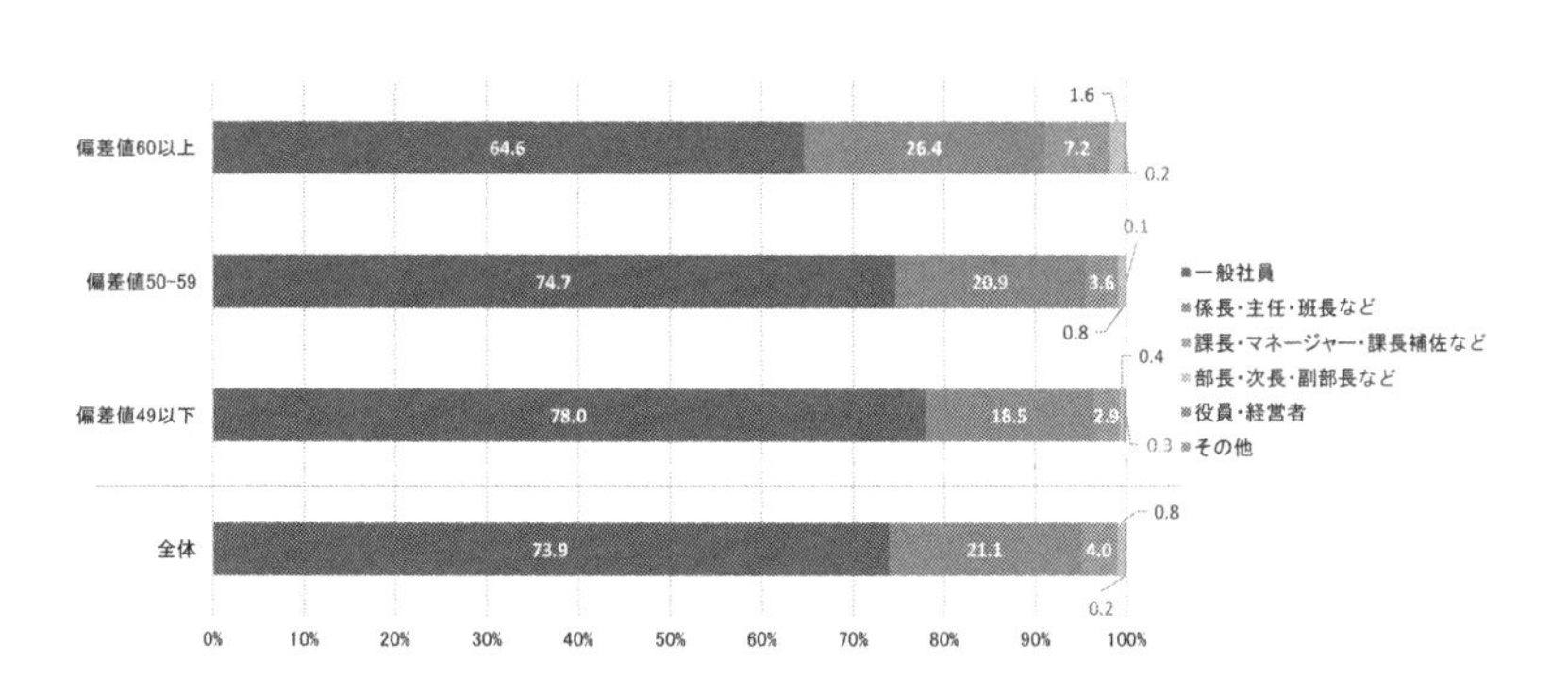

図表 37　出身大学の偏差値別による役職の差（25 〜 39 歳）

される。

量は〝なし〟であるから、個人年収の違いによる組織社会化の差は実質的には認められないと考察

能力向上の得点は、効果量は〝小〟であるものの、〇・一％水準で有意差が見られた。個人年収〝800～1000万未満〟のビジネスパーソンの能力向上は他の個人年収の人に比べてもっとも高く、〝200万未満〟のそれはもっとも低かった。

職業キャリアの得点も効果量は〝小〟であるものの、〇・一％水準で有意差が見られた。個人年収〝600～800万未満〟のビジネスパーソンにおいて職業キャリアはもっとも高く、〝200万未満〟〝200～400万未満〟のそれはもっとも低かった。

以上の結果は、単純に線形的な関連を示すものではないながらも、個人年収の高いビジネスパーソンの能力向上、職業キャリアが高いことを示唆するものである。組織社会化は職場への適応を表す、いわば初期キャリアのビジネスパーソン向けの変数なので、この変数が個人年収や役職と関連を持たないのは、むしろ妥当な結果である。

・出身大学の偏差値別に見ると（図表35を参照）、個人年収では、〝200万未満〟〝200～400万未満〟が低偏差値大学出身者により多く（合計の割合は偏差値49以下で五七・五％、偏差値60以上で三一・九％）、〝600～800万未満〟以上は高偏差値大学出身者により多い（合計の割合は偏差値60以上で三一・三％、偏差値49以下で一二・六％）。

・役職と組織社会化、能力向上、職業キャリアとの関連を見ると（図表36を参照）、個人年収とほぼ同じ結果である。

組織社会化は、有意差は見られるものの効果量が〝なし〟であり、役職の違いによる組織社会化の差は実質的には認められないという結果である。

能力向上、職業キャリアの得点は、効果量は〝小〟であるものの、〇・一％水準で有意差が見られた。この分析では、〝一般社員〟と非一般社員（〝係長・主任・班長など〟〝課長・マネージャー・課長補佐など〟）との間に有意な差が認められる。

・出身大学の偏差値別に見ると（図表37を参照）、〝一般社員〟が低偏差値大学出身者により多く見られる（偏差値49以下で七八・〇％、偏差値60以上で六四・六％）。逆に、非一般社員（〝係長・主任・班長など〟以上）は、高偏差値大学出身者により多く見られる（偏差値の高い順から合計で、三五・二％、二五・三％、二一・八％。ただし、〝その他〟を除く）。

次に、見通しタイプと個人年収、役職との関連を検討しよう。**図表38**と**図表39**に結果を示す。

先に図表39を見ると、役職の〝一般社員〟において見通しタイプ２（高校一・二年生、高校三年生、大学一・二年生のときの将来の見通しの有無〇×の組み合わせが、順に〇〇×のタイプである。詳しくは図表31を参照。以下同様。八三・一％）がタイプ７（××〇、七一・一％）、タイプ１（〇〇〇、七二・〇％）よりも多い。

しかし、この結果は解釈が難しい。タイプ２は大学一・二年生の将来の見通しが×であったタイ

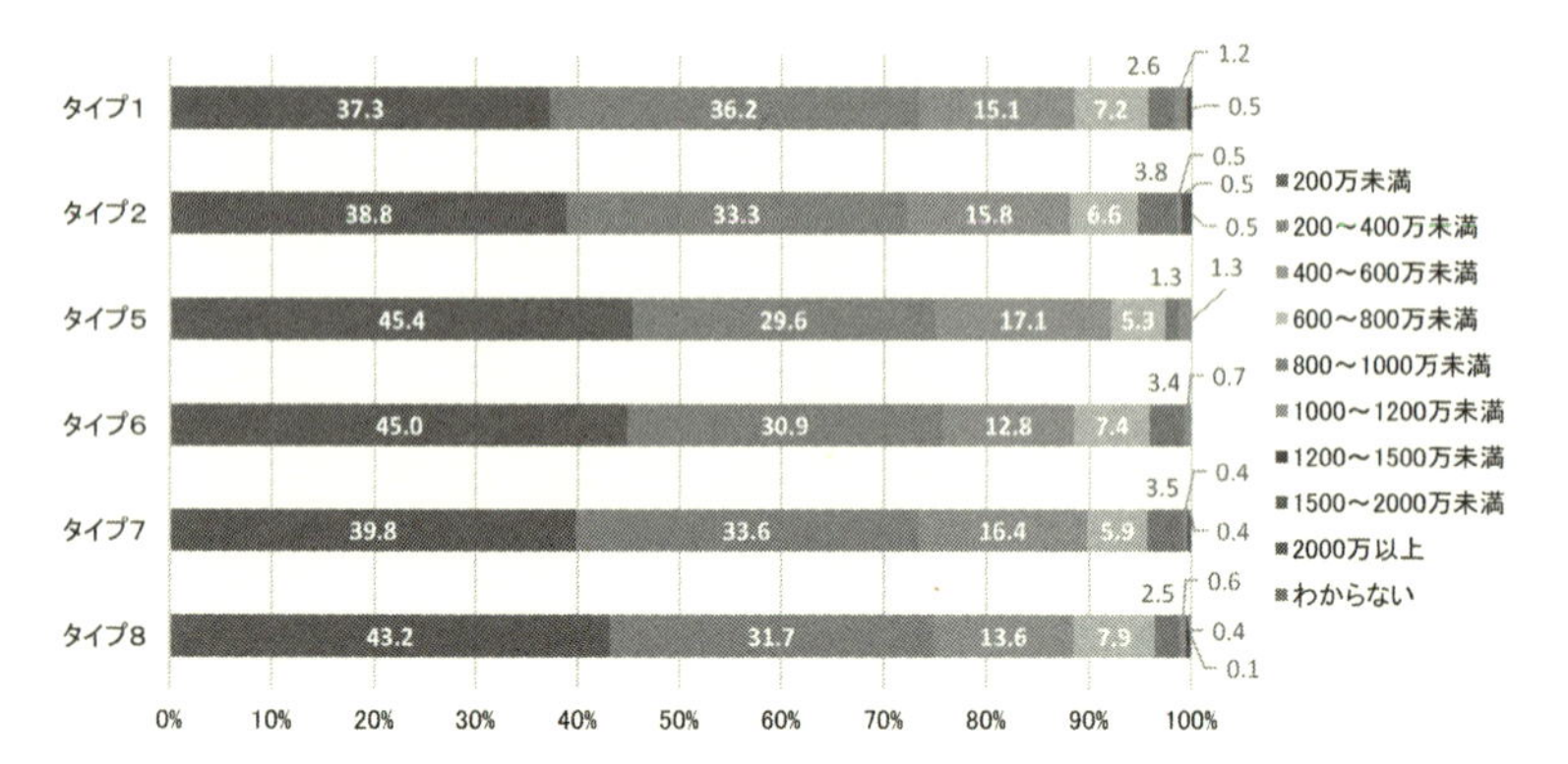

図表 38　見通しタイプによる個人年収の差（25 ～ 39 歳）

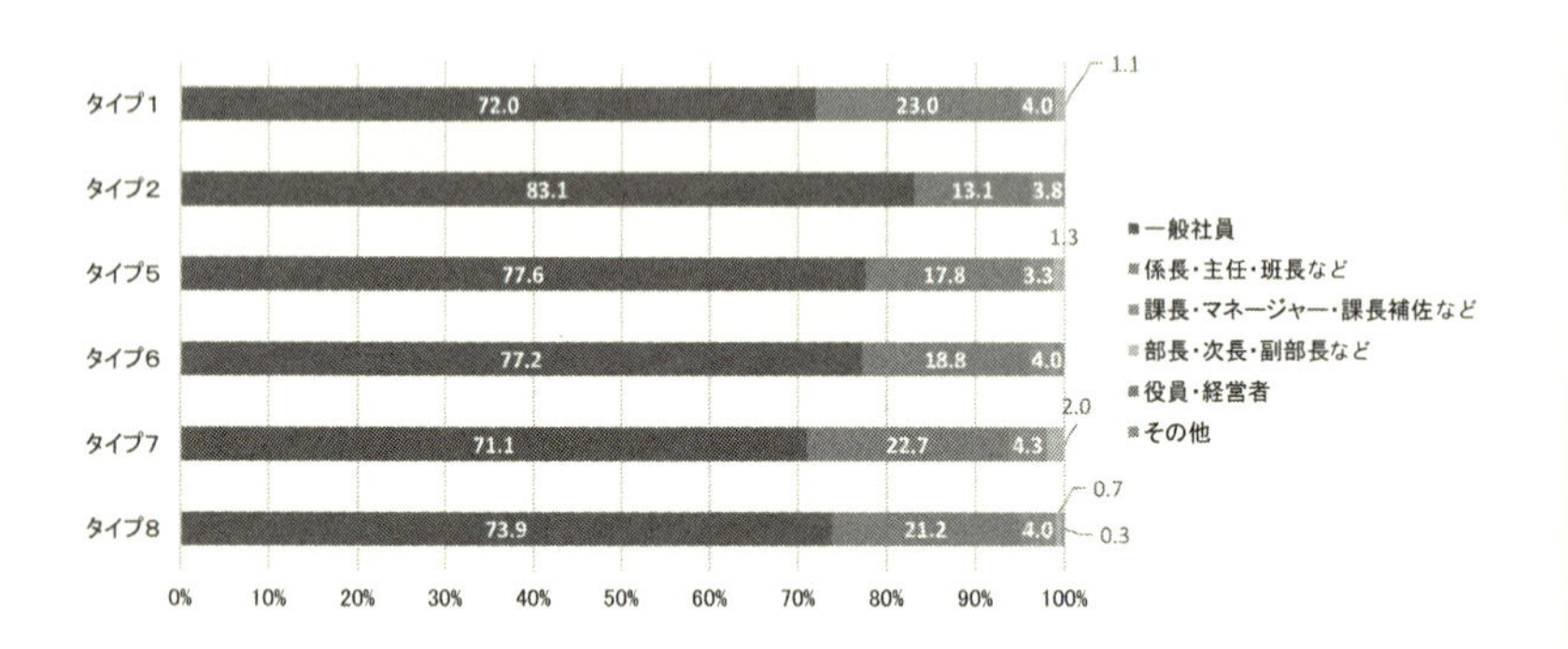

図表 39　見通しタイプによる役職の差（25 ～ 39 歳）

プであるが、同じ大学一・二年生の将来の見通しが×であったタイプ6（×○×）やタイプ8（×××）は、タイプ7、タイプ1と差が認められない。なぜタイプ2に〝一般社員〟が多く見られるのかは、少なくとも将来の見通しの組み合わせ（タイプ）からは解釈が難しい。

興味深いのは、図表33において、能力向上や組織社会化の得点がもっとも低かった見通しタイプ8（×××）の個人年収や役職が、もっとも高かったタイプ1（○○○）と比べて差が認められないことである。つまり、能力向上や職業キャリアという観点から、職場で仕事ができていると見なされる見通しタイプ1と、できていないと見なされる見通しタイプ8との間で、個人年収や役職にさほどの差はないということである。

6　職場での仕事と離転職は関連しているか

最後に、離転職の回数とそれが個人年収や職場での仕事とどのように関連するのかを検討する。

図表40に、離転職の回数を全体・出身大学（学部）の偏差値別をセットにして、年齢別（25〜29歳・30〜34歳・35〜39歳）に示す。

図表41には、離転職の回数による個人年収の得点を、**図表42**には職場での仕事（組織社会化・能力

〈25～29歳〉

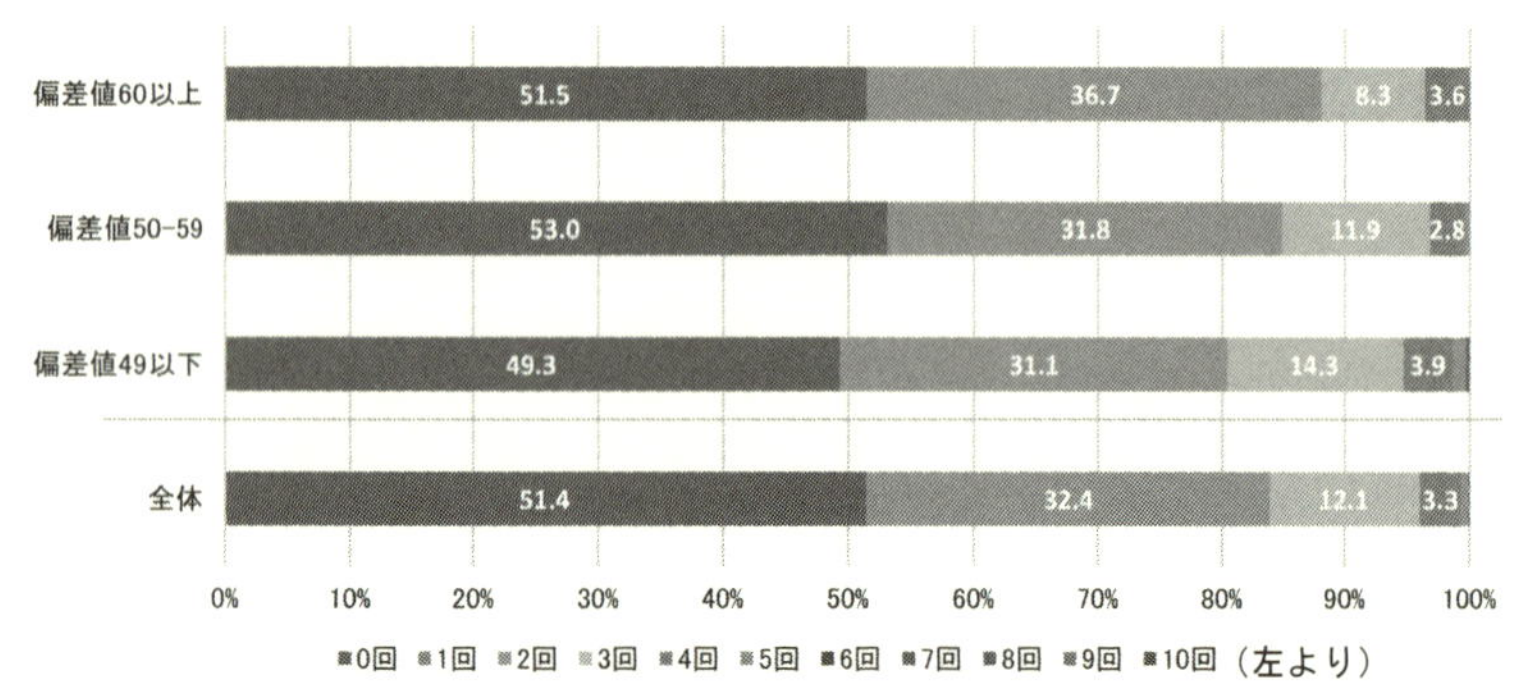

〈30～34歳〉

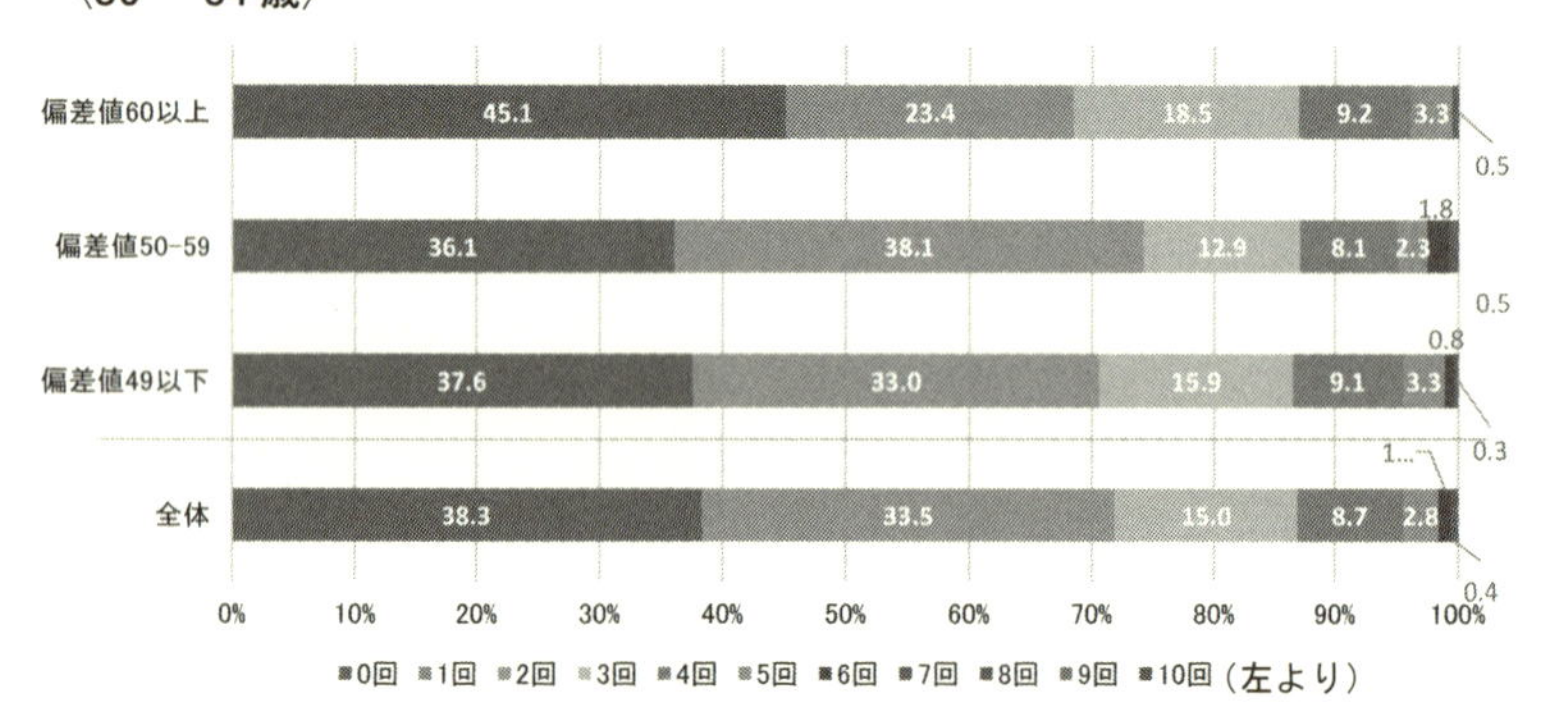

〈35～39歳〉

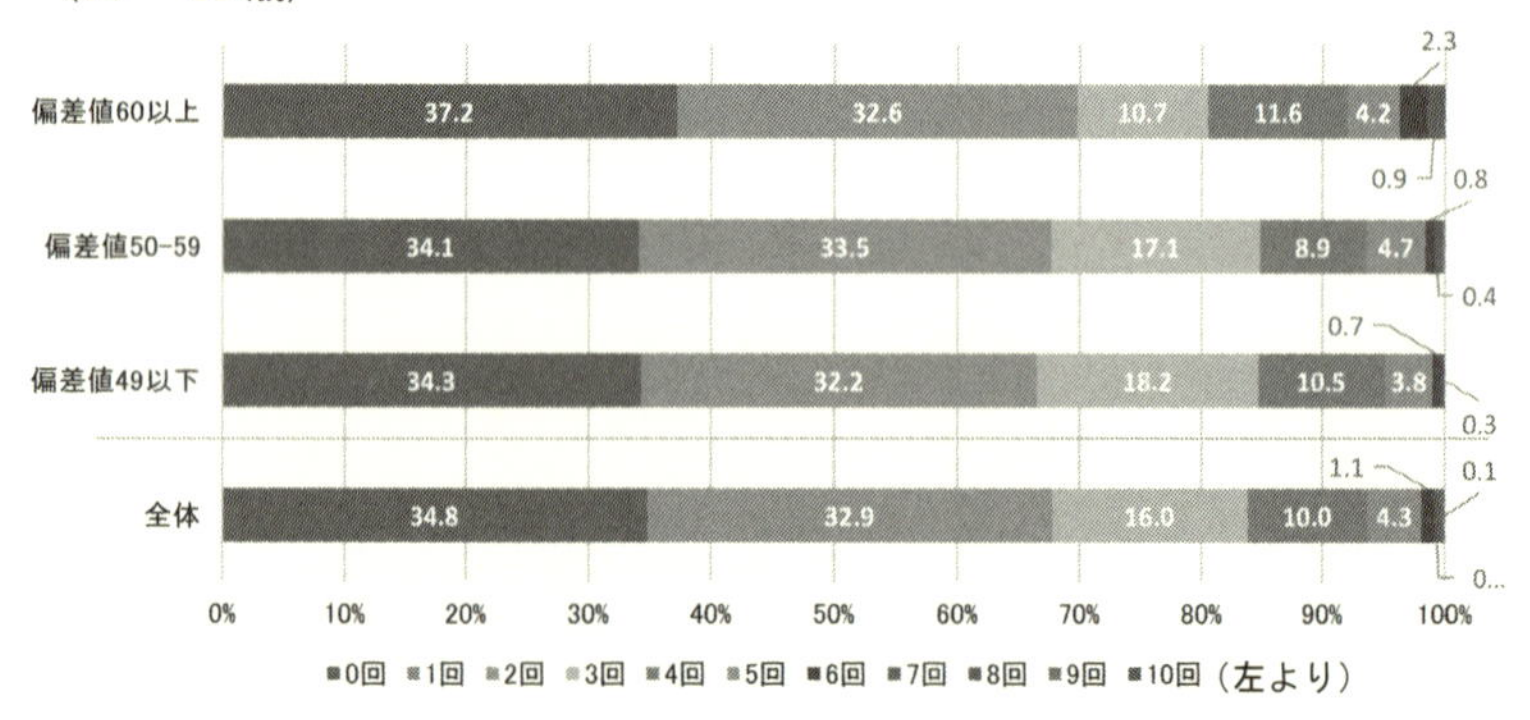

図40　偏差値別による離転職の回数（年齢別）

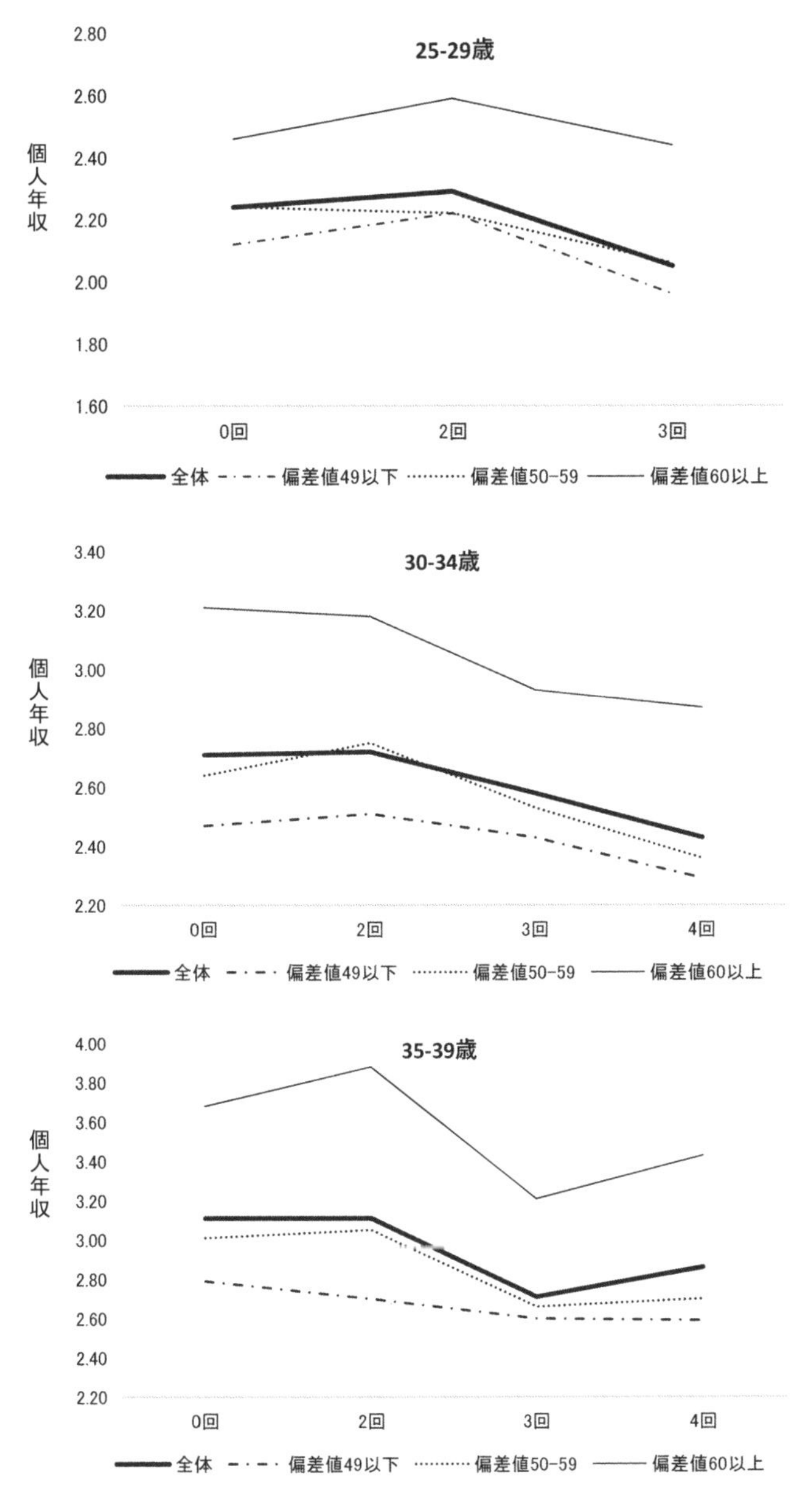

図表 41　離転職の回数と個人年収との関係（年齢別）

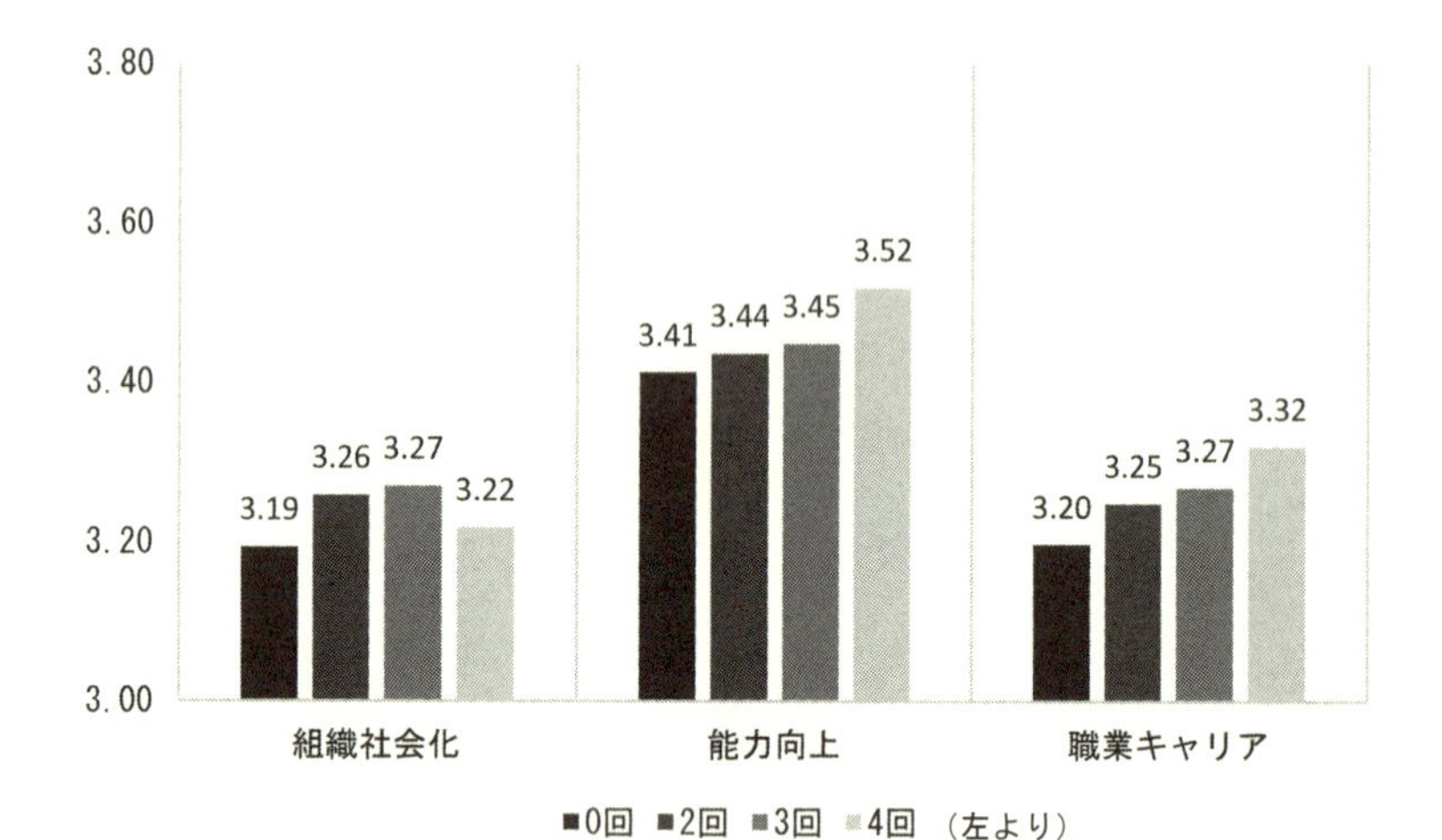

図表 42　離転職の回数と組織社会化、能力向上、職業キャリアとの関連（25 ～ 39 歳）

※一要因分散分析の結果は下記の通りである。多重比較は Tukey 法でおこなった。
組織社会化：$F(3, 2881)=2.239$, *n.s.*、$\eta^2=.00$（効果量なし）
能力向上：$F(3, 2881)=1.945$, *n.s.*、効果量 $\eta^2=.00$（効果量なし）
職業キャリア：$F(3, 2881)=4.873$, $p<.01$、効果量 $\eta^2=.00$（効果量なし）

向上・職業キャリア）の得点を示す。

分析にあたって3点補足説明をしておく。

図表41の個人年収の得点は、〝200万未満〟〝200〜400万未満〟〝400〜600万未満〟〝600〜800万未満〟〝800〜1000万未満〟〝1000〜1200万未満〟〝1200〜1500万未満〟〝1500〜2000万未満〟〝2000万以上〟〝わからない〟とカテゴリーデータになっているものから（「5」を参照）、〝わからない〟を除外して、〝（1）200万未満〟〜〝（8）2000万以上〟と順序データにして平均値を計算したものである。

同じ図表41で、各年齢サンプルにおける離転職の回数からのグループ化は、次の手順でおこなった。25〜29歳では、1,000人中離転職の回数が0回（515名）、1回（0名）、2回（323名）、3回（120名）、4回（35名）、5回（6名）、6回（0名）、7回（1名）と分布していたので、1グループ50名以上の基準を設けて（以下同様）、離転職0、2、3回の人をそれぞれグループとして分析対象とした。

同様に30〜34歳では、1,000人中離転職の回数が0回（386名）、1回（0名）、2回（334名）、3回（150名）、4回（86名）、5回（28名）、6回（11名）、7回（4名）、8回（1名）と分布していたので、離転職0、2〜4回の人をそれぞれのグループとして分析対象とした。

35〜39歳では、1,000人中離転職の回数が0回（348名）、1回（0名）、2回（328名）、3回（161名）、4回（99名）、5回（45名）、6回（11名）、7回（4名）、8回（2名）、9回（1名）、10回（1名）と分布していたので、離転職0、2~4回の人をそれぞれのグループとして分析対象とした。

図表42では、全年齢サンプルを用いて職場での仕事との関連を見ているが、そこでの離転職の回数は0、2~4回を採用している。

・大卒者の大学卒業後三年以内の離転職率は平均三二・二%である(図表2を参照)。図表40の全体では、25~29歳で離転職を1回以上おこなった人は約半数(四八・六%)見られ、30~39歳では約六~七割(30~34歳で六一・七%、35~39歳で六五・二%)見られる。
・離転職1回の該当者はすべての年齢サンプルにおいて0名であり、本データからは、離転職を1回しかおこなわない人は見られなかった。
・30~34歳の偏差値50~59で、離転職2回の割合(三八・一%)が他の偏差値帯に比べて多く見られるが、離転職0回+2回の合計値を比べると、偏差値帯による差はとくに見られない。どの年齢サンプルにおいても、偏差値帯に関係なく、離転職はかなりの程度起こっているという結果である。
・図表41の全体で見ると、離転職2回までの人の個人年収は離転職0回の人のそれと同水準か、偏差値帯によっては離転職2回の人のそれがやや高いくらいである。しかし、離転職3回以上の人の個人年収は2回以内の人のそれに比べて、全体で見ても偏差値別に見ても低いのがわかる。
・図表42で一要因分散分析をおこなったところ、グループ間の得点差に有意差が見られないか(組織社会化、能力向上)、見られても効果量が〝なし〟(職業キャリア)という結果であった。この結果は、離転職の回数による職場での仕事との差は実質的には見られないことを示唆している。

7　学校関係者が知っておくべき「仕事」へのトランジション―分析結果のまとめ

本節では「学校」に視点を戻して、学校関係者が生徒学生の仕事へのトランジションについて知っておくべき主な結果をまとめ、考察する。

①就職活動や最初の配属先が期待通りでなくても

本章「3」で、高校時代から大学時代、就職活動、最初の配属先の四つのステージを評価(○×)してもらい、タイプとして組み合わせを作ったところ、該当率の高かった上位二つのタイプは、タイプ1(○○○○)とタイプ9(×○○○)であった。合わせて四六・一％の該当率であった。日本の大学卒ビジネスパーソン(正規雇用)の約半数は、大学時代から就職活動、最初の配属先までをすべて肯定的に評価していることがわかった。

しかしながら、組織社会化や能力向上の観点からは、タイプ1、9と、それ以外のタイプ2(○○○×)、タイプ3(○○×○)、タイプ4(○○××)との間に統計的な有意差は見られなかった。就職活動や最初の配属先で期待通りの結果が得られないことは、現実に起こりえることである。

とくに、最初の配属先の×の理由にある「上司や同僚など職場の人間関係に恵まれなかった」のように、個人の努力でどうにもしようがない要因がある。それでも、これらのタイプの人たちがさほど崩れることなく、タイプ1、9の人たちに近い状態で仕事をしているという結果は、学校や職場でこの問題に接する関係者に希望を与えるものである。期待通りの結果が得られないときのその後の取り組み方もまた、キャリア形成の一つだと教えていきたい。

就職活動、最初の配属先を否定的に振り返るもので問題なのは、タイプ16（××××）であろう。このタイプは、高校時代、大学時代を含めてすべて否定的に振り返っており、五・三％とわずかに五％基準を越える該当率であるが、無視できない割合である。他のタイプと比べて、組織社会化、能力向上、職業キャリアすべてにおいて最低点である。どの出身大学の偏差値帯からも出てくるだろうと予測される。

職場でうまく仕事ができないことを色眼鏡として高校以降を否定的に評価しているのか、高校時代からの否定的な評価の延長上で仕事もうまくできていないと見ているのか、その因果関係はわからない。しかし、いずれの場合でも、学校の過ごし方と職場での仕事が関連を持っていることはこの結果から明らかであり、学校関係者がトランジションをふまえた教育実践をおこなっていくべきだと説くのに十分なものである。

なお、高校時代から最初の配属先までの主な×の理由は、「3」をご覧いただきたい。

②大学がまだまだ学習の場となっていない

本章「3」から、大学時代の○の主な理由は、「友人関係に恵まれた」「アルバイトが充実していた」「さまざまな人や価値観にふれた」といったもので、昭和の大学観が未だ残存していることが示唆された。一九九〇年代に本格的に始まった大学教育改革の成果という観点から見て、ここに学習関連の項目（「勉強を頑張った」「ゼミでの学習や研究が充実していた」等）が挙がってこないことが残念である。

今日の大学教育改革は、二〇〇八年の学士課程答申、二〇一二年の質的転換答申に二〇一四年の高大接続答申を加え、さらには二〇一八～二〇一九年からの認証評価の第三期評価サイクルに入ることで、最後の仕上げに入っている感がある（溝上，2018b）。

しかし、この間の成果が十分に上がっていないことは、全国大学生調査の経年データから伺え（溝上，2018b）、現在中央教育審議会で審議中の、高等教育の将来構想像『中間まとめ』[24]からも伺える。

『中間まとめ』では、二〇四〇年社会・人生100年社会に向けて、進む人口減少も加えて、高等教育がいかなる姿となるべきか、取り組んでいくべき課題は何かを議論している。その中で、今十分に取り組まれているとはいえない教育課題が示されているが、そのほとんどは学士課程答申以来提示されてきたことの焼き直しに近いものである。つまり、この10年の大学教育改革の成果があまり上がっていないことを傍証するものである。

「3」の結果は、二〇一二年時の25～29歳のサンプルから得られているものである。彼らの大学入学は二〇〇〇～二〇〇五年前後であり、卒業までの四年間を加えて二〇〇四～二〇〇九年である。前述した、仕上げと見なせる改革期以前の人たちである。

今後、「大学生のキャリア意識調査」(溝上，2018b) のように、大学生の経験データを経年的に収集するだけでなく、本章で示したようなビジネスパーソンの経験データを、たとえば本サンプルと比較する形で経年的に収集して、大学教育改革や学校から仕事へのトランジションに向けての取り組みの成果を多角的に検証していくことが必要である。

③キャリア意識と仕事との関連はビジネスパーソンでも認められる。しかし、それが必ずしも年収や役職に繋がらない

高校生・大学生ともに、学習とキャリア意識が密接に関連することが実証されてきている。学習が先かキャリアが先かは人によるが、学び成長する生徒学生のキャリア意識は高いといえる (溝上責任編集，2018)。本章「4」の分析結果は、この知見に、高校から大学にかけてキャリア意識 (将来の見通し) を形成してきたビジネスパーソンは、そうでないビジネスパーソンに比べて、職場での仕事ができるだろうという見方を加えるものである。

振り返り調査の結果ではあるが、その振り返りの結果自体が、学生時代のキャリア意識と現在の職場での仕事を関連づけたことがここでは重要である。興味深い結果である。もちろん、今後同一個人を追跡する調査で知見を検証していかねばならない。

どこかで経験的に知っていたことであるが、日本のビジネスパーソンの四三・二％（見通しタイプ8：×××）は、高校生、大学生の時期を通してキャリアを形成してこなかったことが明らかとなった。しかも、見通しタイプ8の職場での仕事（組織社会化・能力向上）の出来は、効果量が小とはいえ、他の見通しタイプと比べて低いものである。タイプ8は、出身大学の偏差値帯に関係なく出てくるだろうと予測される。

しかし、高校時代からキャリアを形成してきて、職場での仕事もよくできると見なされるタイプ1（○○○）とこのタイプ8を、個人年収や役職の観点から比べてみると、差が見られないというのが本章「5」での結果である。

ここが議論を複雑にするところである。俗的にいえば、「できる」人が、必ずしも高い収入を得たり出世したりしているわけではないという結果である。

「仕事」での雇用形態は、この二〇年非正規雇用を含めて複雑多岐に発展しており、雇用全体の中で非正規雇用が占める割合は高まっている。この点をふまえれば、ここでの検討は、正規雇用のビジネスパーソンのサンプルのみを対象として、小さな差の有無を検討しているだけであるともいえないわけではない。

たしかに、非正規雇用のビジネスパーソンを加えれば、ここでの分析結果は小さな差として回収され、大同小異となってしまう可能性は高い。しかし、それは大学卒が高校卒よりも平均して給与が高いといった結果と同じものであり、「高校よりは大学に進学した方が給与面では優遇されています」「給与面からいえば、高校卒よりも大学に進学した方がいいですよ」といった程度の知見を提供することにしかならない。

それでは高校生が進学する際に、大学の偏差値の高中低を必要以上に弁別して受験勉強に励む理由を見出すことはできないだろう。大学であればどこでもいいわけではないのである。

非正規雇用者のサンプルを加えた検討は必要だが、やはりここで示すような大学卒の正規雇用のビジネスパーソンだけのデータで分析していくことも必要である。とくに、大学から仕事へのトランジションを検討するには必要な視点である。引き続き検討していきたい。

④出身大学の偏差値は個人年収や役職と関連するか

本章「5」の分析結果より、答えはYesである。出身大学（学部）の偏差値と個人年収と役職の関連は認められる。具体的には、出身大学の偏差値が高いビジネスパーソンは個人年収〝600～800万未満〟

以上、非〝一般社員〟により多く見られ、偏差値が低いビジネスパーソンは〝200〜400万未満〟以下、〝一般社員〟により多く見られた。

ただし、この結果には注意が必要である。というのも結果は、高偏差値出身者と低偏差値出身者とを比べて、平均的にどちらの個人年収や役職が上かと見ただけの結果であり、高偏差値出身のすべての人が、必ずしも個人年収や役職において十分満足いく状況にあることを示すものではないからである。

図表35、37に示されるように、高偏差値出身者でも個人年収や役職で低い地位の人は少なからずいる。逆に、割合は高くなくとも、低偏差値出身者の中に〝600〜800万未満〟以上、非〝一般社員〟の人はいる。

マクロ的な研究知見としては平均の結果が重要であるが、ミクロ的な教育実践としては個別の結果も重要である。

教育実践では、高偏差値の大学に進学さえすれば将来が保障されるわけではないことを、低偏差値の大学に進学してもそれだけで将来の個人年収や役職が決まってしまうわけではないことを教えていきたい。

このような見方は、前述してきたすべてのことにあてはまる。高校時代〜最初の配属先の評価でのタイプ16（××××）、見通しタイプ８（×××）は高偏差値出身者からも出現しており（図表21を参照）、同様にタイプ1（○○○○）やタイプ9（×○○○○）、見通しタイプ1（○○○○）は低偏差値出身者からも出現しているのである。

マクロとミクロの視点を分けて、このような知見を利用していきたい。

⑤離転職は「仕事」の発展を妨げるか

図表40の全体では、25～29歳で離転職を1回以上おこなう人は約半数（四八・六％）見られ、30～39歳では約六～七割（30～34歳で六一・七％、35～39歳で六五・二％）見られた。離転職は、どの出身大学の偏差値帯でもかなりの程度起こりえることが明らかとなった。ちなみに、新規大学卒の卒業後三年以内の離転職率は三二・二％（二〇一四年三月卒）である（図表2参照）。

かつての日本的雇用の経験があるせいか、離転職をしないようにキャリア教育をおこなう高校や大学が少なからずある。しかしながら分析結果からは、2回離転職をした人と離転職をまったくしない人との間に、少なくとも個人年収の上では差が見られないことが明らかである。偏差値帯によっては、離転職を2回した人の方が、個人年収はやや高いくらいである。

職場での仕事（組織社会化、能力向上、職業キャリア）においては、離転職の回数（0～4回）の間で差が見られないことも明らかになっている。離転職を一概に「非」とする理由は、これらの結果からは見当たらない。

もっとも、今回のデータだけでいえば、離転職を３回以上する人は２回までの人と比べて、個人年収が低くなる傾向があるようである。

8　データの限界

以上の考察は今回のデータに基づくものである。今後同様の観点から異なるサンプルで知見を検証していくことが求められるのは、この手の研究ではお約束ごとである。また、本データは25歳以上の正規雇用のビジネスパーソンを条件としたサンプルから成る。非正規雇用で入職した人のデータを加えると、結果は違ったものとなろう。さまざまな条件を考慮した総合的な検討が求められる。紙面の関係で、男女別の結果や、ある分析においては30～39歳の年齢サンプルの結果を示していない。より詳細な記述統計の結果は、下記の私のウェブサイト「溝上慎一の教育論」で掲載しているので、併せてご覧いただきたい。

〈溝上慎一の教育論〉http://smizok.net/education/
（理論・データ）『活躍する組織人の探究』調査の記述統計

注

23　舘野（2016）では、『大学生のキャリア意識調査 2010』（京都大学高等教育研究開発推進センター・電通育英会主催　報告書は https://www.dentsu-ikueikai.or.jp/transmission/investigation/about/ を参照）での回答者である大学三年生を三年後（多くは入社二年目）に追跡縦断調査をおこない、その結果から、大学生活に主体的に参加していた学生が入社後も主体的に行動していることを示唆している。

24　中央教育審議会大学分科会将来構想部会『今後の高等教育の将来像の提示に向けた中間まとめ』（二〇一八年六月二八日）

第4章　技ありのアクティブラーニング型授業

講話シリーズ第1巻（溝上，2018a）の第3章「よく思い出す技ありの名場面集」を、本書第2巻でも引き継ぎ、私が全国の学校で見学した技ありのアクティブラーニング型授業を紹介しよう。講演や講評などのさまざまな機会に、紹介する授業である。

1　学習目標（めあて）を提示し続け、振り返りや評価に繋げる

授業づくりの基本的ポイントの一つは、学習目標（めあて）の提示にある。一般的には、授業の冒頭で学習目標が生徒学生に示され、授業は目標に準拠して導入・展開と進んでいく[25]。

高等学校や大学の授業でも、冒頭に学習目標を示すことはずいぶん見られるようになってきて、授業の質が高まってきていると感じる。喜ばしいことである。

そのような授業においてもほとんどの場合は、黒板に書かれたものがすぐ消され、スライドで示されたものは次のページに進み、結果として生徒学生が授業時間に学習目標に立ち返ることができないでいる。この部分は、学習目標（めあて）の提示が徹底的に指導されてきた義務教育としての小学校・中学校の授業に学ぶところが大きい。

ふだん高等学校・大学の授業を多く見ている中で、ふっと小学校・中学校の授業を見ると、「さすがだな」と感心する。

図表43上は、（京都府向日市立）向陽小学校の青野祐子教諭の社会科の授業である。

水産業のさかんな地域に関する単元学習の中で、本時のめあてが黒板の左上に「日本で魚や貝が多くとれるわけを考えよう」と書かれ、授業が展開した。教師は、めあてを消さずに授業を展開し、授業最後にめあてをもとに児童に振り返りを促した。

図表43下の写真は、（京都府南丹市立）園部中学校の上木広夢教諭の同じく社会科の授業である。

生徒は、九州地方の様子に関して学習を進めてきて、その日は単元最後の時限に「京都スタジアムの建設における問題」を課題として学習をおこなった。この課題の目的は、九州地方のテーマの一つとして学習した工業の発展と環境破壊との関連が、自分たちの身近な生活圏にも存在することを知ることで、遠く離れた九州地方の問題をより身近なものとして感じとることにあった。めあて

図表 43　学習目標（めあて）を授業中に提示し続ける（□で囲っている部分）

(上) 青野祐子教諭＠（京都府向日市立）向陽小学校（社会科　小学５年生）
(下) 上木広夢教諭＠（京都府南丹市立）園部中学校（社会科　中学２年生）

は、「京都スタジアムの建設における問題について考えよう」であった。

注目すべきは、電子黒板というＩＣＴを利用した学習目標の提示である。

上木教諭の授業では、写真のように、電子黒板にめあてを示し続けながら授業が展開した。電子黒板は、どの学校のどの教室にもあるというものではないので、利用できる環境であるならこのような利用の仕方があるという紹介である。児童生徒に学習目標（めあて）を示しながら授業を展開させることが、ここでは重要なポイントである。

2 「観」を獲得する学習

歴史の学習とは、膨大な出来事や人名、年代といった歴史的事象の暗記であり、「人名や年代を覚えていったい何になるのだ」「記憶力と忍耐力を試すだけのものだ」といった低俗な批判が繰り返されてきた。

歴史的事象をただ棒暗記するだけの学習をしてきた人には、歴史の学習とはそのようなものであったかもしれない。それは学習者のせいではなく、そのようにしか歴史を教えてこなかった、歴史的事象の暗記だけを問うようなテストや入試問題しか出してこなかった学校や教師のせいである。

「ここはテストに出るぞ。覚えておきなさい」と教師が叫んできた、まさに悲しい歴史がある。

なぜ歴史を学ぶのかという大所高所の議論は、ここでは必要ない。

ここでは、知識（歴史的事象）を棒暗記する「浅い学習」ではなく、知識が、学習者の持つ既有知識や他の関連知識、経験や信念、見方などと関連づけられながら理解されるという学習（これが「深い学習」の定義である。第2章「1」を参照）が、新学習指導要領で求められていることを指摘するだけで十分である。この深い学習の意義は、他のどの教科にも通ずることである。

新学習指導要領ではさらに、

> **社会的事象の歴史的な見方・考え方**
>
> 社会的事象を、時期、推移などに着目して捉え、類似や差異などを明確にしたり、事象同士を因果関係などで関連付けたりすること。
>
> （中学校学習指導要領（平成29年告示）解説『社会編』7頁）

といったように、「見方・考え方」まで発展させて、教科・科目の特質をふまえた深い学習も促されている。

これに関する取り組みとして、北海道教育大学附属函館中学校の郡司直孝教諭の社会科（歴史的分野）の授業を紹介しよう。学習のポイントは、「中世とはどのような時代か」といった大観を得ることである。ここでは、節タイトルの通り、「観」を獲得する学習ともしておく。

郡司教諭によれば、これまでも大観を得る学習をおこなってきた。しかし、それは
・時代の学習を終えた後に
・授業者が生徒に「政治」や「経済」といった概念的視点を与えて
学習した歴史的事象を振り返ることでおこなわれていた。その結果、生徒たちの大観は、与えられた視点（政治や経済など）に基づいて既習の歴史的事象を寄せ集めただけのものとなっていた。

また、大観を得る学習が時代の学習を終えた後におこなわれたため、時代の学習の過程においては、事象一つ一つがどのような時代の特色と関連するものなのか、何に繋がっていくものなのかを理解することなく、学習していることが問題だと考えられていた。

そこで郡司教諭が考えたのは、
・時代の学習を始める前に
・小学校で学習した歴史の知識をもとに
大観を得る学習をおこなうことであった。小学校の歴史で学習した既習知識をふまえて、それに新たな学習を重ねることは、ある事物と他の事物とを繋げて有意味学習にしていくという深い学習の

基本的構造を押さえたものでもある。生徒には小学校で用いた歴史の教科書を持参させ、大観となる四つの視点を見出すように課題を課した。

授業では、アクティブラーニング型授業の基本形の一つである個―協働―個の学習サイクル[9]をもとに、ワークが展開した。その様子が**図表44**である。

生徒の挙げてきた視点には、「武士の活躍と幕府の取組」「外国との関わり」「人々の暮らし」「産業・生活」などがあった。これらの視点は、教師がこれまで単元の最後に与えてきた『政治』や「経済」等の視点とは異なるものであった。しかし、生徒が小学校で学習したことから見出した視点であり、何よりも生徒たち自身の視点であった。

教師の与えるそれと異なっていたことは問題ではない。問題なのは、生徒の挙げてきた視点から出発して、中学校版の歴史の学習をおこない、そうして単元の最後に教師が期待する視点を、生徒自らがどのように獲得できるかである。教師の腕の見せ所である。

余談だが、大観を得るというワークは、附属の生徒とはいえ相当難航した。生徒が調べ学習の中で個々の歴史的事象に焦点化しすぎて、俯瞰して視点を取るというワークの目標を見失いがちだったからである。教師は、図表45のように、ワークを中断して何度か課題を説明し直し、生徒に今何のワークをおこなっているのかを確認させた。教師・説明↓生徒・ワーク↓教師・説明／確認↓生

（個の学習）

（協働の学習）

（小学校の社会の教科書）

図表 44　小学校で習った教科書をもとに 4 つの視点を考える生徒たち

郡司直孝教諭＠北海道教育大学附属函館中学校（社会科　中学 1 年生）

※授業の詳細な報告は、溝上慎一の教育論（http://smizok.net/education/）の「（ＡＬ関連の実践）時代を大観する「視点」の学習者による設定―中学校社会科・歴史的分野―」で紹介している。図表 45 も同様である。

図表 45　ワークを中断して視点を見出すというワークをもう一度解説する

郡司直孝教諭@北海道教育大学附属函館中学校（社会科　中学１年生）

徒・ワークが繰り返された。教師が生徒の活動の様子をよく見ていると感心した一場面でもあった。

３　身近な事柄を問いや教材にすることで自己関連づけをはかる

学習において事物と事物との関連づけをはかることは、さまざまな観点から重要である。第２章「１」では、その代表として深い学習の意義を説いた。事物と事物を関連づけることは、意味を求める行為でもあると説いた。

ここではもう一つ、関連づけを自己の水準まで上げることで、生徒学生の課題への関与が高まること（＝自己関連づけ self-reference）、ひいては課題の処理成績が上がったり、より課題に動機づけられたりすることを説く。

自己関連づけの意義は、心理学の二つの研究の流れから説明されている。

一つは、「自己関連づけ効果（self-reference effect）」と呼ばれる記憶研究からである。事物と事物をただ関連づけたり意味づけたりするよりも、自分の何かしらに関連づけたほうがより豊かにイメージでき、動機づけられ、記憶にも残りやすくなるということである[26]。さらには、その自己関連が個人的な出来事や経験といったエピソードまでを含むものならば、そのエピソードにまつわる感覚や知覚、感情といった細部にわたる情報まで関連づけられることになり、イメージや記憶への残り方もより大きなものとなる。

もう一つは、自己決定理論の一つである有機的統合理論と呼ばれる動機づけ研究からである[27]。たとえ外発的に与えられた学習でも、それが自らの関心や興味に沿うものでなくても、自身にとって価値のあるものとうまく関連づけられれば、動機づけは内発的動機づけに近いかたちで高まるということである。

自己関連づけに関する授業を二つ紹介しよう。

一つは、（神奈川県立）港北高等学校の潮来友梨教諭の「コミュニケーション英語Ⅲ」の授業である。教師は事前に、「成功するために最も重要なことは努力か、才能か」という、単元を貫いて用いることのできる質問を用意してアンケート調査（日本語）を実施した。

図表46は、授業の導入部でアンケートの結果をパワーポイントで説明している場面である。アンケート結果の傾向がクラスごとに異なることや、ユニークな意見を取り上げて全体で共有することで、課題に対する生徒の自己関連づけを高めていた。

授業では、この後質問に対する生徒の考えをまとめさせて英語で表現させ、立ってペアワークによる生徒同士の意見交換もおこなった。生徒が英語で書いた考えを電子黒板上で取り上げ、英語表現に関するコメントもおこなった（**図表47**を参照）。

紹介するもう一つは、本章「1」で紹介した（京都府南丹市立）園部中学校の「社会科」の授業である。

生徒は、九州地方の様子に関して学習を進

図表46　アンケート結果のクラスごとの違いを見せている場面

潮来友梨教諭＠（神奈川県立）港北高等学校（コミュニケーション英語III　高校3年生）

※授業の詳細な報告は、溝上慎一の教育論（http://smizok.net/education/）の「（AL関連の実践）アクティブラーニングの取り組み〈英語科〉身近な事柄の教材化とICTの活用」で紹介している。

図表 47　授業の様子

[上] 全員立ってペアワーク
[下] 生徒の書いた考えを電子黒板上で取り上げコメント
潮来友梨教諭@（神奈川県立）港北高等学校（コミュニケーション英語 III　高校３年生）

図表 48　授業の様子

[上] 時計回りに生徒の何人かが移動して、新たなグループで意見交換を重ねる
[下] 前に出てきて発表
上木広夢教諭@（京都府南丹市立）園部中学校（社会科　中学２年生）

めてきて、単元最後の時限に「京都スタジアムの建設における問題」を課題として学習をおこなった。

この課題の目的は、九州地方のテーマの一つとして学習した工業の発展と環境破壊との関連が、自分たちの身近な生活圏にも存在することを知ることで、遠く離れた九州地方の問題をより身近なものとして感じることにあった。身近な生活圏で起こっている問題を用いて、自己関連づけをおこなった好例である。

授業では、まず生徒に京都スタジアムの建設に賛成か反対かの態度を明確に決めさせて、賛成グループ、反対グループを作り、それぞれのグループで個—協働—個のサイクルを経て考えをまとめた。次いで、時計回りに生徒の何人かが移動して、賛成派・反対派を混ぜ合わせて、新たなグループで意見交換を重ねた(**図表48上**を参照)。ワークの最後は、前に出てきて発表である。自分のまとめた考えを電子黒板上で見せながらの発表であった(**図表48下**を参照)。

4　生徒同士の学び合い—教師と生徒の関係性を発展させて—

講話シリーズ第1巻(溝上, 2018a)では、アクティブラーニング型授業をしっかりと実現するために、教師の指示がしっかり通るような授業内での教師と生徒の関係性を作ることが必要であることを説いた。

ここではもう一歩進めて、生徒同士の関係性、つまりは「生徒同士の学び合い」の必要性について説く。

仕事・社会に出れば、教師もいなければ誰かが教えてくれるわけでもない。チームやプロジェクトのメンバー同士で学び合わなければならない。この場面を想定してのアクティブラーニングであり、トランジションリレー[5]である。あとは、それを授業でどのように具現化するかである。

（神奈川県私立）桐蔭学園中学校の松永和也教諭の授業は、この観点において示唆的である。**図表49**を見ると、発表者としての生徒が、聞く生徒たちの傾聴と責任を問うべく挙手をさせている。これは教師が挙手させているのではないのである。発表者としての生徒が、「聞きたい人、手を挙げてください」というかたちで、他の生徒たちに傾聴を促しているのである。

学齢の低い生徒にとって聞くことは受け身になりやすい。「聞きたい人」と尋ねるからといって、ほんとうに聞きたいかどうかを尋ねているわけではない。発表を聞くという態度や聞くことへの覚悟を求め、それを可視化しているのである。

他にも松永教諭の授業では、グループ学習や調べ学習において、わかる生徒がわからない生徒に「教える」ではなく、わからない生徒がわかる生徒に「訊く」という学び合いを推奨している。

図表 49　発表者としての生徒が聞く側の傾聴と責任を問う場面

松永和也教諭＠（神奈川県私立）桐蔭学園中学校（国語①　中学３年生）

※授業の詳細な報告は、溝上慎一の教育論（http://smizok.net/education/）の「（AL 関連の実践）シンキングツールを用いた評論文の「創造的読解」」で紹介している。

もう二つ、授業を紹介しよう。

一つは、（札幌市立）あやめ野中学校の新谷和彦教諭の授業である（現在は札苗北中学校に異動している）。二次関数のグラフを見て、特徴を見出すという課題である。

まず個人で特徴をワークシートに書き出す[10]。そして、**図表50**のように、グループワークで、みんなで特徴を出し合い、グループの前に立てられているホワイトボードに記録者がまとめていく。他の生徒の考えをふまえて、個人の考えを発展させていく、まさに個―協働―個の学習サイクル[9]がしっかりとられている。

また、グループ発表をする中で教師が「自分たちのグループで出なかった特徴は、ワークシートにメモするように」と指示をしていた。安心して外化できる環境づくりがなされているからこそ、

図表 50　授業の様子

[上] グループで議論し特徴をまとめる
[下] グループの前にあるミニホワイトボードに記録者が考えをまとめる
新谷和彦教諭@（札幌市立）あやめ野中学校（数学　中学3年生）
※授業の詳細な報告は、溝上慎一の教育論（http://smizok.net/education/）の「（AL関連の実践）アクティブラーニングのススメ―「アクティブラーニング型授業」による中学校数学の授業改善―」で紹介している。

このような生徒同士の学び合いが成立するのである。

新谷教諭は、「人の話は目で聴く、耳で聴く、心で聴く」と説いている。

もう一つは、秋田大学教育文化学部附属中学校の島田勝美教諭の授業である。理科の授業で、果物電池に関するグループ実験をおこない、各グループが発表をした場面である。

紹介したいのは、グループのある女子生徒が発表をおこなった後、質疑応答の時間になり、別の生徒が質問をした場面である。ここまでは、多くの学校でよく見られる光景である。しかし、質問をした生徒は発表者の返答を受けて、「それだったら〜になるのではないですか」とさらに問い返し、その後二人の問答となった。まさに、生徒同士の学び合いが起こっていた。

このような場面は、この授業では他にも2、3見られた。この生徒たちだけが特別なのではなく、他の生徒も同様のやりとりをおこなった。この授業ではほんとうに多くの生徒が手を挙げて、「まだ挙がるのか」と見ていた私が驚くほどであった。

この場面を講演などで紹介すると、「附属学校の生徒だからできるんですね」というコメントがすぐ出てくる。それはそうかもしれない。「公開研究会という晴れの舞台だから生徒が張り切ったのでしょう」というコメントをもらうこともある。

しかし、一部の生徒ならまだしも、クラス全体でこの雰囲気を作ることは、附属学校の教師でもそう簡単なことではない。また、公開研究会という晴れの舞台だということについても、その晴れの舞台で、生徒はしゅんとおとなしくなって何もできなくなることもある。あるいは、その晴れの舞台でありながら、外部参観者を気にせず、ふだん通りの怠惰な態度を示す生徒たちの姿を見ることさえ少なからずある。

このように考えると、この場面はやはり、島田教諭がふだんからこのようなクラスづくりや指導をしてきたその成果が、一気に爆発したものと見て取れるのである。

もちろん、生徒同士で学び合えれば、その内容が何でもいいというわけではない。実際、この日の授業は、これだけ活発な生徒の活動が見られたにもかかわらず、教師は学習目標から見てやや不満足であった。というのも、生徒同士の学び合いから果物電池の短所や問題点に気づかせ、乾電池の「乾」の意味を引き出す流れに、うまくもっていけなかったからである。

教師は、授業の最後にこの問題を新たに問いかけて授業を終えた。ここに、課題の与え方や生徒の議論の展開を、どの程度予測するかといった今後の課題も垣間見えた。

5　作問を通しての生徒同士の学び合い（上級編）

前節では、生徒同士の学び合いについての授業実践を紹介した。しかし、その学び合いの初発の問いかけは教師にあった。

ここではもう一つ上の上級編として、作問を通しての生徒同士の学び合いを促す授業実践を二つ紹介する。

一つは、(京都府私立)東山中学・高等学校の中村憲幸教諭の英語の授業である。生徒同士での「教え合い」を徹底的に促す授業である。

授業の特徴は、

①教え合いのための準備
②教え合い
③要約活動
④作問と質問への解答
⑤自分の考えを述べる・学びを通しての考え方の変化を述べる

という五つのステップで1レッスンが進むところにある。①～④のステップは具体的に以下のとおりである。

①教科書の内容を教え合うための準備をおこなう。

まず、クラスを6班(1班あたり5～6名)に分ける。そして、教科書の本文を6分割して、それぞれの班に割り当てる。割り当てられた本文にある単語、文法、構文、和訳、全体像をグループで調べ、まとめる。教師は机間巡視をして、生徒だけで進められない部分についての支援をおこなう。

②他班に移動して、①の学習内容を他班に教えて回る。

六つの班すべてがこれをおこなった結果、生徒はレッスン全体を学習したことになる。個人やグループがパートを担当して学習し、そのパートを寄せ集めて全体を構成していく知識構成型ジグソー法に近い技法である。

③要約活動を英語でおこない、レッスンの概要を理解した上で、④本節のテーマである作問と質問への解答をおこなう。

各班でレッスン全体から10問を作るように指示され、その10問の中から3問を選ばせる（**図表51上**を参照）。生徒は、10問を作る中でレッスン全体に目を通し、3問を選ぶことで、なぜその3問を選んだのかの理由を考えることが求められている。そして、選んだ3問についての模範解答を作るのである。

中村教諭は生徒の活動や会話から、この3問を選び模範解答を作る時間が、生徒の深い学習を促す上で重要だと見ている。質問を作る、3問を選ぶ、模範解答を作る作業に一時間あるいは二時間をかけている。

作問と模範解答作りが終われば、各班の半分の生徒は時計回りに隣の班へ移動する。班に残った

図表 51　④作問と質問への解答

［上］議論しながら作問する様子

［下］質問への解答

中村憲幸教諭@（京都府私立）東山中学・高等学校（英語　高校 1 年生）

※授業の詳細な報告は、溝上慎一の教育論（http://smizok.net/education/）の「（AL 関連の実践）楽しく思考力を育てる英語の授業（1）（2）―生徒の変化からみられる効果―」で紹介している。

生徒は移動してきた生徒に自分たちの質問を投げかけ、移動してきた生徒はその質問に答える（**図表51下**を参照）。

質問に答えた生徒は、評価シート（**図表52**を参照）に質問者の評価をする。これを時間の許す限り繰り返す。

紹介するもう一つの授業は、近畿大学附属高等学校の芝池宗克教諭の数学の授業である。芝池教諭は反転授業[28]を導入し、単元の展開を次の四つのステージに分けて授業を進めている。

ステージ１　内容理解（反転授業のビデオ教材による予習）
ステージ２　内容定着（教師主導の授業）
ステージ３　内容活用（「級友との錬磨」による協働学習）
ステージ４　振り返り（ステージ１〜３の学習を振り返る）

ここで紹介するのは、芝池教諭が「級友との錬磨」「問い学ぶ」と呼んでいるステージ３の学び合いの部分である。

教科書の内容理解を一定程度終えた後、生徒自らが作問し、それを他の生徒が解き（**図表53上**を参照）、作問した生徒が採点および解説をする（**図表53下**を参照）。

Evaluation Sheet ～Lesson 9 Protecting the Ecosystem～

Name (　　　　　　　　　　)

His question is	normal	interesting	awesome!
He speaks English	well	very well	like a native speaker!
The reason for his choosing questions is	not bad	good	amazing!
His sample answer is	understandable	just what I wanted to say	unbelievable!

Name (　　　　　　　　　　)

His question is	normal	interesting	awesome!
He speaks English	well	very well	like a native speaker!
The reason for his choosing questions is	not bad	good	amazing!
His sample answer is	understandable	just what I wanted to say	unbelievable!

Name (　　　　　　　　　　)

His question is	normal	interesting	awesome!
He speaks English	well	very well	like a native speaker!
The reason for his choosing questions is	not bad	good	amazing!
His sample answer is	understandable	just what I wanted to say	unbelievable!

図表52　質問者に対する回答者の評価シート

芝池教諭がステージ3を導入したのは、これまでの演習問題の取り組み方をさらに工夫できると考えたからだ。

これまでの演習問題を解く活動は、生徒にとって与えられた問題を、しかも正解に向かって解く、時に正解を探す受け身の定型的活動であった。問題を解く過程を深く考えたり分析したりすることは少なく、他者と協働で疑問をぶつけ合ったり、わかりにくい箇所を教え合ったりすることは皆無であった。

芝池教諭は、作問活動の意義として次の五つを挙げる。

①問題の本質を考えようとする

②解答が出ない問題もあり、それを分析することで理解が深まる

図表53　ステージ3の授業の様子

[上] 生徒が作った問題を解く
[下] 生徒による解説授業
芝池宗克教諭@近畿大学附属高等学校（数学　高校2年生）
※授業の詳細な報告は、溝上慎一の教育論（http://smizok.net/education/）の「（AL関連の実践）級友との練磨―「問い学ぶ」教育による「生きる力」の育成―」で紹介している。

③級友に良い問いかけをおこなうために、自分の持っている知識・想像力をフル活用しようとする
④まだ誰も考えたことのない新しい問題を創造することができる
⑤出題者の意図を読めるようになる

もちろん、生徒の作問や解説授業をする前後・過程に教師の介入が相当あることを見逃してはならない。生徒同士の「問い学ぶ」の学び合いによって獲得した知識と、教師が持っている知識の深さをバランス良く混ぜ合わせて、学習が仕上っていることを見て取らなければならない。

6　体育実技でも言語活動としてのアクティブラーニング

（神奈川県私立）桐蔭学園中等教育学校の小倉丞太郎教諭の体育の授業を紹介しよう。

教室でおこなう保健の授業にはアクティブラーニングを導入できても、体育ではできないといわれることがある。体育では体を動かしていて、アクティブラーニングそのものだという浅薄な理解を耳にすることもあり、気絶しそうになる。

小倉教諭の体育の授業は、言語活動を採り入れたアクティブラーニング型授業である。

見学した授業では、生徒がグループに分かれ、それぞれ「噴火」「海」「風」「炎」のお題が与えられて、ダンスの創作が求められた。創作には、「対象」「協働」という課題もプラスαされた。

図表54上は、まなボードを用いて、グループそれぞれのダンスを模索・創作している場面である。生徒は、与えられたテーマから連想する物、事柄を記入していた。いきなり創作ダンス（協働の学習）をさせるのではなく、個・協働の学習をおこなったうえで、創作ダンスをおこなわせたのである。アクティブラーニング型授業の基本ステップをふまえている。

図表54下は、創作ダンスの発表である。

図表55上は、発表後に教師がタブレットで撮った動画を即時にフィードバックして、生徒は自分たちの表現がどのようなものであったかを見た。運動系の部活動ではよくおこなわれているものだが、それが体育の授業でもなされていた。ＩＣＴを用いるがゆえの一コマだ。

他のグループの生徒から、発表についての質問やコメントももらった。

図表55下は、授業最後での振り返りの場面である。連記式になっており、ポートフォリオとして残していけるようになっていた。

体育も科目の一つであるから、他教科にならってアクティブラーニングを導入するということではない。小倉教諭は、体育でアクティブラーニングを導入する意義を次のように述べている。

「身体活動の上達において、達成目標の明確なイメージ像を作り、生徒が自らの身体活動を客観

図表 54　授業の様子 1

［上］まなボードを用いてのグループワーク
［下］創作ダンスの発表
小倉丞太郎教諭＠（神奈川県私立）桐蔭学園中等教育学校（保健体育　中学 1 年生）
※授業の詳細な報告は、溝上慎一の教育論（http://smizok.net/education/）の「（AL 関連の実践）体育実技授業における今後の在り方への試み―「頭と体で汗かこう」―」で紹介している。

図表 55　授業の様子 2

［上］発表後、即座に教師が動画を見せて動きをフィードバック
［下］振り返りシートへの記入
小倉丞太郎教諭＠（神奈川県私立）桐蔭学園中等教育学校（保健体育　中学１年生）

視し、自らのイメージとの差を見つけ、差を埋めるためのアプローチを思案し、やってみるという五つのプロセスが不可欠と感じています。このサイクルの構築サポートになるのが言語活動と考えています。不得意な生徒や壁にぶつかっている生徒は、活動目標が明確でなかったり打開策を講じることができなかったりすることが多いので、頭の中を整理して次への展開を考える思考の展開を支える言語活動は、体育授業の実践の場で効果をあげている実感があります。」

「ペアワークなどの意見交換を取り入れることで、体育実技が苦手な生徒もそれぞれに課題やテーマが出て来て、授業への参加意識が高まっていることが何より授業をしていて嬉しく感じることです。振り返りシートの記入では、授業の内容をまとめることでの授業の確認・反省になり、それに加え、前授業と本授業の流れを視覚的に確認することができ、各授業のスムーズな進行に繋がっているると感じます。また、コメントを残すことで生徒との信頼関係を構築するうえで大きな後押しになっていると感じています。」

注

25　講話シリーズ第1巻（溝上，2018a）では、1時限の学習を通して学習目標を最後に発見するという、円井哲志教諭（岩手県立盛岡第三高等学校）の化学基礎の授業を紹介した。その授業では、学習目標はあらかじめ白板に書かれていたが、模造紙で隠されて見えないようになっていた。そして、授業の最後で教師が「本日のテーマは何だったかな」と問いかけて、二人の生徒が当てられ、「そうだよね」といって模造紙を剥がして学習目標を確認させ、リフレクションを書かせて授業は終わった。

なお、秋田県の有名な「探究型授業」では、めあて（学習目標）は、授業冒頭に教師が助力しながら、児童生徒自らが設定するように推進されている（詳しくは阿部，2016を参照）。高度な授業法であるが、学習主体は児童生徒であることを徹底的に具現化している好例である。

26

自己関連づけは、記憶処理における「自己関連づけ効果（self-reference effect）」として研究がなされている。それは、記銘時に自己に関連した処理をおこなうと、意味的な処理や他者に関連した処埋をおこなったときと比較して記憶保持がすぐれる、という現象である（詳しくは堀内，1995）。また、単なる自己関連ではなく、エピソード記憶や自伝的記憶まで自己関連を高めていく自己―記憶システムについては、堀内（2012, 2016）で紹介されている。

27

課題遂行に伴う自由選択や課題遂行それ自体に喜びや満足を見出す内発的動機づけが、質の高い行動を生み出すことは古くから認められてきたことである。学校での学習でも、この内発的動機づけは推奨されてきた。しかし、実際の学校での学習は、多くの場合、親や教師の期待に応えること、テストや受験でより良い結果を得ること、将来の職業に就くことといった外部からの期待や要請に従ってなされている（外発的動機づけ）。人が社会的文脈の中で生きる存在であること、自己決定性（自律性）が外部要因と無関係ではないこと、学校での学習が、重要な他者（親や教師等）や社会から期待されて、あるいは必要だと見なして課されるものであることを考えれば、当然のことである。

有機的統合理論は、このようなことを背景として、時として内発的動機づけを低下させることにもなる

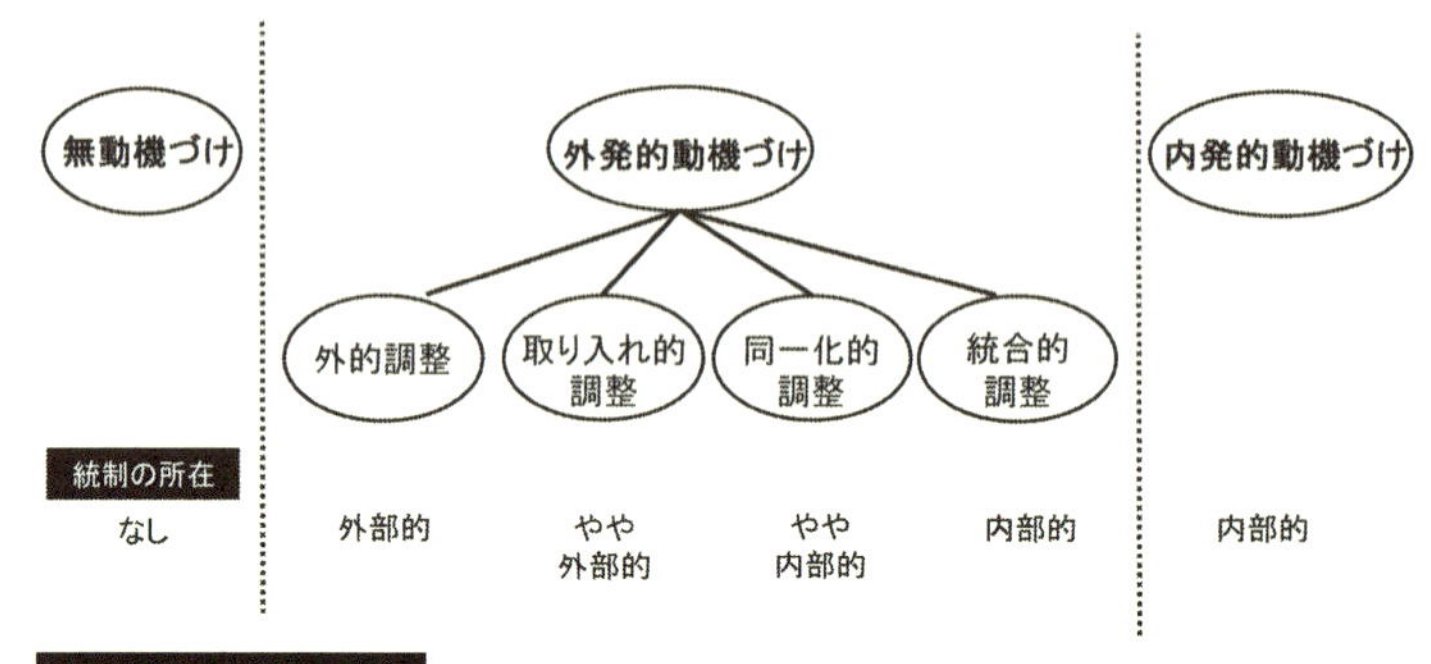

図表 56　スペクトラム上に位置づけられる動機づけの各段階（有機的統合理論）

※ Ryan & Deci (2000), FIG.1 (p.61) をもとに作成。
※外発的動機づけの説明は次のとおりである。

①外的調整…報酬を受け取るためや罰を避けるためなど、外部からの期待や要請に従う動機づけである。

②取り入れ的調整…自尊心を維持させるために、あるいは人前で自尊心が傷つくことを恐れて、外部からの期待や要請を内部に取り入れて自己内調整をして従う外発的動機づけである。

③同一化的調整…外部からの期待や要請に価値を認め（「重要だ！」「有用だ！」など）、積極的に自己内に取り込んで、選択的に、個人的に関与して行動する動機づけである。

④統合的調整…外部からの期待や要請に価値を認めるだけでなく、それを自己の他の側面と有機的に統合して行動する動機づけである。たとえば、「私は将来学者になりたい」といった自己の他の側面と統合して、学習に動機づけられるような場合がそうである。

外発的動機づけを、自己決定性（自律性）の観点から積極的に位置づけたものである。そこでの主張点は、大きく2点である。

①「無動機づけ」（動機づけられないこと）、「外発的動機づけ」「内発的動機づけ」を自己決定性（自律性）の程度によって、連続線上で並べられること。

②たとえ外発的に動機づけられた学習であっても、その学習に対する個人の価値の認め方によっては、自己決定性（自律性）は高くなり、内発的動機づけに近いかたちで学業成績やパフォーマンス、精神的健康に影響を及ぼすこと。

詳しくは、ウェブサイト「溝上慎一の教育論」(http://smizok.net/education/)の「(用語集) 内発的動機づけ・自己決定理論」を参照のこと。

28　反転授業については、第2章「7」で説明している。また、芝池教諭の反転授業の取り組みは、芝池・中西(2014)で紹介されているので、併せて参照のこと。

文　献

Chao, G. T., O'Leary-Kelly, A. M., Wolf, S., Klein, H. J., & Gardner, P. D. (1994) Organizational socialization: Its content and consequences. *Journal of Applied Psychology*, 79 (5) , 730-743.

Donnellan, M. B., & Lucas, R. E. (2008) Age differences in the Big Five across the life span: Evidence from two national samples. *Psychology and Aging*, 23 (3) , 558-566.

Hatano, K., Sugimura, K., & Klimstra, T. A. (2017) Which came first, personality traits or identity processes during early and middle adolescence? *Journal of Research in Personality*, 67, 120-131.

Klimstra, T. A., Hale III, W. W., Raaijmakers, Q. A. W., Branje, S. J. T., & Meeus, W. H. J. (2009) Maturation of personality in adolescence. *Journal of Personality and Social Psychology*, 96 (4) , 898-912.

Leszko, M., Elleman, L. G., Bastarache, E. D., Graham, E. K., & Mroczek, D. K. (2016) Future directions in the study of personality in adulthood and older age. *Gerontology*, 62 (2) , 210-215.

Marton, F., & Säljö, R. (1976) On qualitative differences in learning: I: Outcome and process. *British Journal of Educational Psychology*, 46, 4-11.

McTighe, J., & Wiggins, G. (2004) *Understanding by design: Professional development workbook*. Virginia: ASCD.

Roberts, B. W., & Mroczek, D. (2008) Personality trait change in adulthood. *Current Directions in Psychological Science*, 17 (1) , 31-35.

Ryan, R. M., & Deci, E. L.（2000）Intrinsic and extrinsic motivations: Classic definitions and new directions. *Contemporary Educational Psychology*, 25, 54-67.

Tagg, J.（2003）. *The learning paradigm college*. Bolton, Massachusetts: Anker.

Terracciano, A., McCrae, R. R., Brant, L. J., & Costa Jr, P. T.（2005）Hierarchical linear modeling analyses of the NEO-PI-R scales in the Baltimore Longitudinal Study of Aging. *Psychology and Aging*, 20（3）, 493-506.

Van Alen, M. A. G., Hutteman, R., & Denissen, J. J. A.（2011）Personality traits in adolescence. In B. B. Brown, & M. J. Prinstein（Editors-in-chief）, *Encyclopedia of adolescence. Volume 1: Normative processes in development*. London: Academic Press. pp.261-268.

安彦忠彦（2018）高大接続の観点から　溝上慎一（責任編集）京都大学高等教育研究開発推進センター・河合塾（編）　高大接続の本質―「学校と社会をつなぐ調査」から見えてきた課題―　学事出版　106～122頁

阿部昇（2016）確かな「学力」を育てるアクティブ・ラーニングを生かした探究型の授業づくり―主体・協働・対話で深い学びを実現する―　明治図書

天野郁夫（2006）大学改革の社会学　玉川大学出版部

石井英真（2011）現代アメリカにおける学力形成論の展開―スタンダードに基づくカリキュラムの設計―　東信堂

石井英真（2015）今求められる学力と学びとは―コンピテンシー・ベースのカリキュラムの光と影―　日本標準ブックレット №.14

小川憲彦（2006）組織における社会化過程と個人化行動に関する理論的・実証的研究　神戸大学博士学位論

文 http://www.lib.kobe-u.ac.jp/repository/thesis/d1/D1003637.pdf（参照日：二〇一五年七月二九日）
梶田叡一（1987）真の個性教育とは　国土社
梶田叡一（1989）内面性の人間教育を―真の自立を育む―　金子書房
梶田叡一（1996）〈自己〉を育てる―真の主体性の確立―　金子書房
梶田叡一（2016）人間教育のために―人間としての成長・成熟を目指して―　金子書房
川本哲也・小塩真司・阿部晋吾・坪田祐基・平島太郎・伊藤大幸・谷伊織（2015）ビッグ・ファイブ・パーソナリティ特性の年齢差と性差―大規模横断調査による検討―　発達心理学研究，26（2），107～122頁
コームズ，W・スニッグ，D.（著）友田不二男（編）手塚郁恵（訳）（1970）人間の行動―行動への知覚的なアプローチ―（上・下巻）　岩崎学術出版社
坂柳恒夫（1999）成人キャリア成熟尺度（ACMS）の信頼性と妥当性の検討　愛知教育大学研究報告（教育科学編），48，115～122頁
芝池宗克・中西洋介（2014）反転授業が変える教育の未来―生徒の主体性を引き出す授業への取り組み―　明石書店
高橋弘司（1993）組織社会化研究をめぐる諸問題―研究レビュー―　経営行動科学，8（1），1～22
舘野泰一（2016）職場で主体的に行動できる人は、どのような大学生活を過ごしてきたか―大学での学び・生活が入社後のプロアクティブ行動に与える影響―　舘野泰一・中原淳（編）アクティブトランジション―働くためのウォーミングアップ―　三省堂　114～124頁

玉真之介（2017）．なぜ「大学教育と読書」をテーマとするのか？　全国大学生活協同組合連合会教職員委員会（監修）玉真之介（編）大学教育と読書―大学生協からの問題提起―　大学教育出版　2～9
中原淳（2010）職場学習論―仕事の学びを科学する―　東京大学出版会
バーグマン，J.・サムズ，A.（著）山内祐平・大浦弘樹（監修）上原裕美子（訳）（2014）反転授業　オデッセイコミュニケーションズ
堀内孝（1995）自己関連づけ効果の解釈をめぐる問題　名古屋大学教育学部紀要（教育心理学科），42，157～170頁
堀内孝（2012）コンウェイの自己―記憶システム　梶田叡一・溝上慎一（編）　自己の心理学を学ぶ人のために　世界思想社　97～107頁
堀内孝（2016）自伝的記憶の想起時間が意識的処理と自動的処理に及ぼす影響　人間環境学研究，14（2），137～143頁
溝上慎一（2010）現代青年期の心理学―適応から自己形成の時代へ―　有斐閣選書
溝上慎一（2014）学校から仕事へのトランジションとは　溝上慎一・松下佳代（編）　高校・大学から仕事へのトランジション―変容する能力・アイデンティティと教育―　ナカニシヤ出版　1～39頁
溝上慎一（編）（2017）改訂版 高等学校におけるアクティブラーニング［理論編］（アクティブラーニング・シリーズ第４巻）　東信堂
溝上慎一（2018a）アクティブラーニング型授業の基本形と生徒の身体性（学びと成長の講話シリーズ１）　東信堂

溝上慎一（2018b）大学生白書2018―いまの大学教育では学生を変えられない―　東信堂
溝上慎一（責任編集）京都大学高等教育研究開発推進センター・河合塾（編）（2018）高大接続の本質―「学校と社会をつなぐ調査」から見えてきた課題―　学事出版
森朋子・溝上慎一（編）（2017a）アクティブラーニング型授業としての反転授業［理論編］ナカニシヤ出版
森朋子・溝上慎一（編）（2017b）アクティブラーニング型授業としての反転授業［実践編］ナカニシヤ出版
若林明雄（2009）パーソナリティとは何か―その概念と理論―　培風館

あとがき

私は今49歳になろうとしている。人生100年時代から見れば、ちょうど人生のレースを真ん中で折り返そうとしているところである。

本書は京都大学教授として、「大学教員」として、最後の執筆になるものである。京都大学の教授はこの夏でもう辞める。「大学教員」としては、残念ながらここで引退である。二年前から準備してきたことである。

これからも「研究者」としては仕事を続けたいと思っている。

研究はどこにいても、一人でも、最低の条件さえ整っていればすることができる。私の教育の仕事には京都大学の名前が一役買ったに違いないが、研究に京都大学の名前はほとんど関係がない。とくに国際的な仕事はそうである。Kyoto University を知る外国の研究者はそう多くないのが実情である。

最後なので、少し個人的な事情を書かせてほしい。こういう場でないと、なかなか伝える機会がない。

振り返れば、京都大学には助手から数えて二二年いたことになる。学生時代は神戸大学と大阪大学で過ごしたが、職に就いて以降はずっと京都大学で過ごしてきた。大阪大学には大学院の二年しかいなかったので、私の学生時代はたかだか六年にすぎない。京都大学では、それよりもはるかに長い期間を過ごしてきたことになる。

大学院を終えた後、学生の延長のような気分で長く京都大学に在籍できたことは、とても恵まれたことであり、幸せなことだったと思う。

京都大学で学生として学ぶ人たちが、この環境に少しでも長くいて研究者として力をもっとつけたい、研鑽を積みたいと思うような状況がある。しかし、いつかは他大学の教員になって京都大学を離れなければならない。京都大学での恵まれた研究環境から離れることは、子の親離れと同じで、皆が辿る自立のプロセスである。しかし、多くの学生にとって一種の恐怖である。

そのような中、私は大学院の修士課程しか終えていない若い20代半ばに、早々と助手で、しかも京都大学の外から着任した。公募制が一般化した昨今では、(今日の)助教が外部から採用されることはまったく珍しいことではなくなっているが、当時はかなり異例のことであったと聞いている。「はじめに」で紹介した恩師・梶田叡一先生が引っ張ってくれたのである。

これはけっこうもめたと、梶田先生から後で聞かされた。京都大学には当時30歳を越える職なしのオーバードクターが多数いて、一人でも大学の職を見つけてあげたいと思う状況があった。助手のポストは、そうした人たちのまず身近な就職先であった。それを外から、しかも20代半ばの若造を採用するなど、当時はなかなか考えにくいことであった。

梶田先生は少しして、京都ノートルダム女子大学へ学長として出られたが、田中毎実教授をはじめ、センター（当時は「高等教育教授システム開発センター」。現在は改組されて「高等教育研究開発推進センター」）の先生たちは私をとてもかわいがってくれた。

田中教授は、29歳の時に私を助教授に上げてくれようとした。しかし、助教授に私は若すぎる、慣例とも合わないと、教育学部の教授陣とこれまたもめた。結局、妥協案として、「専任講師」という教育学部・研究科始まって以来のポストを新たに作り、内規も変え、私は30歳で専任講師となった。もともとポストは助教授のものだったので、33歳で助教授となった。

私は京都大学への着任時、梶田先生から「助手から上に昇進することはないから、外の大学に出て行く準備をしておきなさい」と言われていた。長く京都大学にいないことは、着任時の前提であった。私もそんなものだと思っていた。しかし、結果的には二〇年以上もいることとなった。

京都大学には、当然のことながら、研究の世界でトップクラスの先生たちがたくさんいる。私はまだ20代か30代の若造であったが、同じ教員、同僚というだけで、彼らと教授会、全学会議、プロジェクト、イベント、酒の席でご一緒し、たくさんの議論をした。彼らは、私の拙い考えや研究に真摯に耳を傾け、日常的にコメントや助言をくれた。「はじめに」で紹介した安彦忠彦先生とも、彼が京都大学の講演会に呼ばれた中で知り合った。あまりにも恵まれた環境だったと思う。

良いことばかりではなかった。彼らのすさまじい研究活動や業績を間近で常時見せつけられ、誰々が○○賞を受賞したなどという話は毎月のように耳に入ってきた。自分の小さな世界に自己嫌悪したことは、数え切れないほどであった。

こうして育ってきた私が、今自分にできていない多くの問題を認識しながらも、他方で、昔のようにあまり自己嫌悪しなくなっている。44歳で教授にもなって、上がってしまったかのような気分にもなっている。これは相当「ヤバイ」心境である。

いつしか私は、もともとの心理学者としての基本に立ち戻りたいと考えるようになっていた。そして、新しい課題に取り組み、これまでの大学教育改革や高大接続・トランジション改革といった仕事もふまえて、研究や実践を再構成したい。変わる社会に関わって、できる限りの社会貢献をしていきたい。残りの人生はそのようにして過ごしていきたい、そのような形で人生を再出発させたいと考えるようになっていたのである。

再出発するにあたっての新規課題はたくさんある。

「学校教育」と「人の発達」を理論的に統合する研究が、まず最初に取り組みたいことである。戦後、社会の近代化の成熟期にいったん合流したこの二つのテーマが、この半世紀独立して発展を遂げてきた。この二つを再び合流させる必要がある。これは、心理学と教育学の二足のわらじを履き続けた私だからこそできる仕事だと思っている。そして、変わる社会に呼応して、今私たちが学校で何を変えようとしているのかをメタ的に理解する、実践的にも重要な作業になると思っている。これに、後で述べる、地域連携・地域創成、人生100年時代を課題に加える。

しかし、大きな問題があった。

私の今いる高等教育研究開発推進センターで、この再出発はおおよそ許されないだろう、ということであった。

端的にいえば、センターに所属しながら、私のこうした課題に取り組むには、許容される枠をはみ出しすぎているからであった。

大学の研究者なのだから、好きなことを研究していい。それは権利である。

それはそうなのだが、私の所属するのは高等教育研究開発推進センターであって、そこには、高等教育に関する研究・実践をおこなっていくという組織的ミッションがある。わかりやすくたとえれば、私はそこの研究員なのである。その研究員が、高等学校までは高大接続のお題のもと許されるにしても、小学校、中学校まで拡げて、毎週学校へ指導に行くのは明らかに組織的な許容範囲を越えていた。しかも私の関心は、学校教育全体へ、人の発達全体へ、地域課題へと大きく拡がっていた。

ここまで研究してきたのである。ここまで全国的に実践に関わり、指導もしてきたのである。そう簡単に止まれない。しかも、これに、私の妙に上がってしまった感のある「ヤバイ」心境が覆いかぶさる。総じて、どん詰まりである。

たしかに、京都大学教授という肩書きは魅力的である。しかし、京都大学の定年は65歳。あと一五年もこのような状況で京都大学で過ごすのは、どのように考えても無理があった。慣れ親しんだ京都と住んでいる地域を離れることは心残りなのだが、私に与えられる選択肢はそう多くなかった。

この秋から異動する、横浜市にある学校法人桐蔭学園からの話があったのは、こういう時であった。私は研究者として生きていく人生を選んだ。残りの人生は、研究者として、社会のため、社会に役立つ仕事をしていこうと決心したのである。

桐蔭学園では、二〇一五年より教育顧問として教育改革をお手伝いしてきた。アクティブラーニング型授業やキャリア教育、探究的な学習、高校版ＩＲなどのテーマで指導をしてきた。

指導の対象は主に中学校・高等学校・中等教育学校であったが、その手前の幼稚部・小学部も併せて指導してきた。とくに幼稚部・小学部では、二年前から長期的ルーブリックを策定し、教育目標に基づくカリキュラム・アセスメントをおこなってきた。今、それを中学校以上に繋げていこうとしているところである。良い感じで取り組みが進んでいる。

桐蔭学園の教員はプロ意識が高く、一人ひとりが気骨があってとにかくおもしろい。この先生たちと同じ職場で仕事をしたいと思ってきたことも、今回の異動に影響を及ぼしている。

私は桐蔭学園をハブとして、引き続き全国の学校教育の改革に関わっていきたい。そして、これを機に、「学校教育」と「人の発達」を統合する理論的な作業に着手したい。それに、地域連携・地域創成と人生100年時代を見据えたキャリア形成の問題を加えて、理論的・実践的な取り組みを発展させたい。

地域と人生100年時代の問題は、学術的にいえば、人の生における時間と空間の問題としてたいへん興味深いものである。

キャリア教育を地域連携としておこなう取り組みは、全国を見渡して無数にある。しかし、それらが、子ども・若者の発達にどのような意味を持つのかの検討はほとんどなされていない。

発達論的には、養育者とのつながり（アタッチメント）をこころの基盤として確立し、それを拠点として心理的・社会的に空間を拡げていくのが、人生の基本である。しかし、幼児期から青年期にかけての、人生のもっとも基礎をつくる発達期に居住する身近な地域が、生活経験や規範の観点でさほどのリアリティを提供しなくなっている。そのような現代社会において、それでも地域で育つ意味は何なのかを考えていくことは、理論的にとても難しく、しかし興味深い課題である。この問題を考え抜いてキャリア教育や地域振興の活動を位置づけていくことこそが、今地域創成に、ひいては日本社会のこれからに求められる本質的な作業であると信じている。

人生100年時代を発達論的に問題化するのも、学術の世界ではこれからの作業である。

今の発達論に従えば、70～80歳あたりの老年期は、これまで生きてきた人生を振り返ってまとめ、生命を終えていく終焉期として説明される。しかし、今日の70～80歳の人びとの多くは相当元気であって、生命を終えていく終焉期といった様相ではない。だからといって、現役の時のような仕事や社会活動に従事できるわけでもない。拡張する老年期をどのように捉えるかが大きな課題である。

この問題は拡張する老年期の捉え直しだけでは済まない、人の発達全体に関わるものでもある。つまり、100歳まで平均寿命が延びる時代を真正面から前提にすると、定年後は「趣味にふけってのんびり余生を過ごしたい」などと思っている大学生が四割もいる現状※に、これまた相当の「ヤバさ」を感じるのである。

実際、定年を迎えてから定年後に何をするかを考えるのでは、対応が遅いという考えをよく聞くようになった。「のんびり」するだけの老後を過ごしている人の多くは、それまで老後のことを考えてこなかったという見方である。この見方は、定年を迎える前から、「第二のキャリア」とでも呼ぶべき定年後の人生を考えておくべきだという主張にも繋がる。

第3章で紹介したように、25～29歳のビジネスパーソンのうち、高校・大学時代に将来のことを考えてこなかった人が四三・四％もいる。彼らはこれからどうなるのか。

このあたりをもっとマクロ的に、理論的に語るためのデータが必要である。課題は山積している。講話シリーズの第4巻目あたりから、このような問題を加えて論を発展させていきたいと、準備を進めている。

※溝上慎一（2018）大学生白書2018――いまの大学教育では学生を変えられない――　東信堂　を参照のこと。なお、定年を迎えても、結婚や子育てで仕事が一時的に中断しても、一生涯働き続けたいとする大学生は、二〇一六年の調査で三八・八％いる。残りの内訳は、ここで紹介した「定年を迎えるまでは仕事をやめないが、定年後は趣味や娯楽にふけってのんびり余生を過ごしたい」（三九・一％）、「結婚するまでは働くが、基本的に、結婚したら仕事をやめて家事・子育てに専念したい（七・七％）、「あまり考えていない」（一三・二％）、「その他」（一・四％）である。

学園のある横浜市青葉区は、二〇一八年四月の発表※で、男性は市区町村別で平均寿命日本1位の八三・三歳、女性も6位の八八・五歳と、ベストテン入りしている長寿地域である。このような長寿地域で、学校が単に子どもを幼稚園・小学校から高等学校、大学へと進学させる教育を提供するのみならず、どのように地域社会の維持・発展にも関われるかに挑戦して取り組みたいと考えている。

理事長には、二〇一八年四月、トランジションセンターを設立してもらった。このセンターは、もう少し大きな役割を担うセンターであるが、まずは地域創成、人生100年時代の観点から活動を作っていく予定である。

本格的な研究・実践に向けての準備が着々と進んでいる。

※厚生労働省平成27年市区町村別生命表の概況　統計表1：市区町村別平均寿命
https://www.mhlw.go.jp/toukei/saikin/hw/life/ckts15/index.html

職場は変わるが、これまでの学校現場との関わりを最大限維持しつつ発展させ、新しい課題を加えて、私はもう一仕事したいと思っている。事情をご理解いただき、多くの関係者との変わらぬ交流を切にお願いしたい。


本書に関する御礼である。

一人一人名前を挙げられないが、アクティブラーニング型授業の実践や組織的導入に奮闘し、私と交流する全国の先生方、教育関係者にお礼を申し上げたい。彼らの授業を見学し、学校を訪問し、意見交換をしてきたことが、本書の源である。彼らの本気で取り組む実践、彼らとの本音での議論が私に勇気を与え、私の仕事を支えている。心より感謝している。

本書で紹介した授業の実践者や取り組みの責任者には、説明の文章をチェックしてもらい、写真を提供してもらった。関谷吉史（桐蔭学園高等学校教諭、学年主任、高校男子部教学部次長）、舘野泰一（立教大学経営学部助教）の各氏をはじめ、巻末の「本書で登場する教員紹介」に登場する先生方に厚くお礼を申し上げたい。

第3章「トランジションの観点からみて「仕事」で実際に起こっていること」で用いたデータは、二〇一二年に中原淳さん（立教大学経営学部教授）・公益財団法人電通育英会と調査したものである。データの再利用を許可いただき、お礼を申し上げる。盟友・中原さんには、いつもトランジションの先の仕事の世界がどのように動き、変わっているかを教えてもらっている。彼との交流・コラボレーション無しには、私のトランジション研究・実践は成り立たない。

東信堂の下田勝司社長とスタッフの皆さんに、心よりお礼を申し上げたい。東信堂には、厳しい出版事情の中、私の仕事をよく理解し、短い期間で多くの書籍を出版してもらっている。ただただ感謝である。『アクティブラーニングと教授学習パラダイムの転換』(2014)、『アクティブラーニング・シリーズ全7巻』(2016～2017)、『大学生白書２０１８—いまの大学教育では学生を変えられない—』(2018) に引き続き、「学びと成長の講話シリーズ」でもお世話になっている。第1巻は『アクティブラーニング型授業の基本形と生徒の身体性』（二〇一八年二月）と題しての出版であった。本書は第2巻目である。

出張や経理処理、データや資料整理、ウェブページの更新など、私の世に出る仕事を下支えしてくれている秘書の木村麻子さんをはじめ、林路子さん、禰占桃子さん、三保亮子さんの溝上研究室のスタッフにもお礼を申し上げる。

妻への感謝である。妻には私の考えや着想を聞いてもらい、コメントをもらっている。あらゆる草稿に目を通して、不適切な表現や私の言い過ぎた乱暴な説明を見つけて直してもらっている。彼女の二五年の高校教員の経験も、私の高等学校の授業を見るまなざしを鍛える助けとなっている。

本や講演等で名前が出るのは私一人だが、その裏では実に多くの方々が私の仕事を支えてくれている。感謝の一言に尽きる。

最後に、私の事情を理解し、あたたかく送り出してくださる京都大学高等教育研究開発推進センターの先生方、学内の関係者にお礼を申し上げて筆を置きたい。

この数年、飯吉透センター長（教育担当理事補）のリーダーシップのもと、センターはようやく全学的な仕事ができるようになってきた。問題は山積しているが、それでもカーネギー財団やＭＩＴでの二〇年にわたるアメリカでの経験をもとに、センターをマネジメントされてきたその敏腕は、さすがとしかいいようのないものである。私は一直線に正論を吐いてばく進するタイプである。彼はいろいろな関係者の利害に真摯に耳を傾けながら事を進めるタイプである。彼はいつも「それは～のようなもので」と、問題を時事にたとえて関係者を笑わせる。天才級の能力である。こうして私の仕事は頓挫し、彼の仕事はゴールする。そんなことが何度かあった。最後に良い指導をいただいたと感謝している。

松下佳代教授は、私の「若造」時代、教育学研究科の他講座で助手をしており、それ以来の同僚であるともいえる。センター試験の監督も一緒にしたことがある。その後群馬大学に異動されたが、二〇〇二年に京都大学のこのセンターに助教授（後すぐ教授）として戻ってこられて、今に至る。数え切れないほどの多くの問題を二〇年近く一緒に考えてきて、議論をしてきて、指導もいただいた最高の同僚である。彼女との議論が、何よりも学びになると思ってきた。周りからは「サザエ（松下）とカツオ（溝上）だな」と言われ、よく笑われた。

この数年の学習指導要領改訂の作業では、初等中等教育に不案内な私にずいぶんこの世界の用語や事情を教えてもらった。彼女を講演で呼んで話を聴くのもなかなか難しい中で、一つ横の研究室のドアを突然トントンとたたいて、「ルーブリックって何ですか」などと質問して、すぐに教えてもらえた環境は、まさに贅沢きわまりないものであった。短い期間で、これだけ初等中等教育の世界に入り込んでいけたのは、彼女がいたからだといっても過言ではない。

彼女がいなければ、私はもうとっくに京都大学を出ていたはずである。数年前そういうことがあった。他大学で内定もほぼ得て異動をしようとする中、彼女は「出て行くな」と言ってくれて、この話を白紙に戻した。その大学には迷惑をかけた。その彼女も、今回はあたたかく送り出してくれる。田口真奈准教授は、私の大学院の時の同級生である。彼女は博士課程を終えた後、このセンターに研修員で来て、数年千葉のメディア教育開発センターで助手、准教授として過ごして、再び京都大学に准教授として戻ってきた。「溝上君」と呼んでくれる。話もため口。いやそれでいい。学生時代から数えて二五年になる友だちである。

酒井博之准教授も田口さんと同様に、学生時代はお互い知らなかったが、同学年の同級生である。研究員、助教、准教授と長くセンターに勤めている同僚である。

教育アセスメント室の仕事を一緒にしている山田剛史准教授。山田さんは、非公式には私の一番弟子にあたる。彼が大学院修士課程の時に知り合って、その後インフォーマルにずっと心理学の指導をしてきた。私が講師の時、彼は博士課程を終えたので、教務補佐員としてセンターに呼んだ。その後、島根大学、愛媛大学で講師、准教授を務め、京都大学に准教授として戻ってきた。

彼との笑い話がある。彼が教務補佐員のとき、「今日は徹夜でこの報告書の原稿を仕上げような」と言って、ホテルに一緒に泊まり込んだことがある。夜食を買いにコンビニへ行った。彼が「徹夜するなら眠眠打破を飲んで気合いを入れましょう」と言うので、それを買って一緒に飲んだ。そういうものを飲み慣れていなかった私は、飲んだ直後気分が悪くなり、部屋に戻ってそのままバタンと倒れて寝てしまった。彼は自分の部屋で翌朝まで頑張った。朝私の部屋に来た彼は、「あれー、寝てる」と言って呆れていた。彼と酒を飲むと、いつも思い出す忘れられない二人の思い出である。もうあれから二〇年。山田さんも全国区の一人前の研究者になった。もう少しそばで指導をしてあげたかったが、その必要はもうないだろう。彼の活躍を心から祈っている。

他にも、一人ひとり名前を挙げられないが、ほか13名のセンターの准教授、助教、研究員。そして、大学院生。センターの事務職員。センターにかつていた先生方、センター長。全学で仕事を一緒にしてきた、知り合ってきた他部局の先生方、事務職員。これらのすべての方にお礼を申し上げたい。有り難う。

私は京都大学を、そしてセンターを去ることになるが、出た後も学外研究協力者として微力ながら助力していく予定である。職場は変わっても、引き続き交流していきたい。

二〇一八年八月　京都大学での最後の夏

溝上　慎一

本書で登場する教員紹介＋ふり返り　＊本書での登場順

乾　菜摘（いぬい　なつみ）【第２章】
（大阪府私立）帝塚山学院中学校高等学校（英語）

授業を通して、生徒が想像以上にたくさんの刺激を受けていることに気付きました。アクティブラーニングは生徒たちに学び合う機会を与えてくれます。普段の試験だけでは測ることのできない、生徒のそのような学び、成長を感じ取ることができました。社会では、人に伝える力、コミュニケーション能力が求められています。この学習が生徒たちの将来の進路に少しでも役立つことを願っています。

重野金美（じゅうの　かなみ）【第２章】
大阪府立岸和田高等学校（英語）

生徒に英語で自己表現をする機会を持たせることで、「自分を表現する」楽しさを伝えていきます。自分自身も生徒の手本になれるよう私にしかできない方法で自己を表現し続けます。

五味智子（ごみ　ともこ）【第２章】
大阪府立岸和田高等学校（理科）

考えることの楽しさ、新しいことを知る喜びを、生徒に少しでも伝えたいと思っています。それらの経験は、今後の彼らの力になると考えているからです。授業の中で、生徒の理解をより深い学びへと繋げるために試行錯誤していますが、授業を通して、科目の内容以外の大切なものも伝えることができればと思っています。自分自身も生徒に負けないよう、初心を忘れず日々精進していきたいと思います。

青野祐子（あおの　ゆうこ）【第4章】
（京都府）向日市立向陽小学校

ある教育関係の本で「アクティブラーニング」と出会い、どのようなものかと学び始めてすぐに「これが私のやってみたかった実践だ！」と胸が躍ったことを覚えています。子どもたち同士が教室の中で互いに認め合う人間関係を築くことと、学力向上は、両輪であると思います。友達と一緒に学び合ったことは、心に残る知識となるはずです。2030年を生き抜く力とはどのような力か、またそれをどう育てるか、考えながら毎日研鑽したいと思います。

上木広夢（うえき　ひろむ）【第4章】
（京都府）南丹市立園部中学校（社会）

社会科は、地球上の人々の暮らしやさまざまな思いを、昔と今から学び、気づき、そして未来の私たちの進むべき道、自分の生き方について考える教科です。本校の学校教育目標である「気づきがあって　思いがあって　頑張れる　あの園部中学校」の生徒の育成を、教科指導の視点から達成すべく、日々の教材研究や授業実践に励んでいます。

潮来友梨（いたこ　ゆり）【第4章】
神奈川県立港北高等学校（英語）

英語でのプレゼンテーションやスピーチの発表を通して、「相手に自分の考えをわかりやすく伝えること」を学び、表現力を高めて欲しいと思います。英語の力はもちろんですが、社会に出てから必要なコミュニケーション能力や思考力も伸ばすことができるよう、授業改善を続けていきます。

郡司直孝（ぐんじ　なおたか）【第4章】
北海道教育大学附属函館中学校（社会）

生徒が、現在と将来での多様な場で活躍することができる力を育んでいきたいと願っています。そのために、生徒自身が持っている「これまで」の学びを大切にしながら、「これから」につなげていくことのできる授業構築と授業改善に引き続き取り組んでいきたいと思います。

松永和也（まつなが　かずや）【第4章】
（神奈川県私立）桐蔭学園高等学校（国語）

国語を通して身につけたいのは「選ばれる言葉の獲得」です。同じ内容を伝える場合にも言葉の選び方、伝え方によってその言葉がもつ力は変わります（新聞が良い例です）。多様性を受け入れる大切さを考えながらも、みんな違ってみんないいといった安易な道徳に走らず、みんな自分勝手なことを言うかもしれない堪え難い多様性の中でも、自分が魅力的に輝けるための「選ばれる言葉の獲得」を目指しています。

新谷和彦（しんや　かずひこ）【第4章】
札幌市立札苗北中学校（数学）

数学を通して、物事に対して様々な角度から考えられる生徒、自分の考えを論理的に分かりやすく他者に説明する生徒を育てたいと思いAL型授業を行っています。また、この授業は生徒も教師も「そんな考え方もあるのか」といった新しい発見に触れることができます。それがまた次の授業への意欲につながり、その積み重ねが「分かる、楽しい数学」につながっていくと考えています。

島田勝美（しまだ　かつみ）【第４章】
秋田大学教育文化学部附属中学校（理科）

生徒の夢中を生み出す授業を目標に、課題作りに取り組んでいます。今回の果物電池の授業では「これだけで、電池ができるんだ」、「こうすると、電圧あがる」といった生徒の驚きの声を多く聞くことができました。教科書に書かれてある基礎基本の内容は押さえつつ、生徒の驚きの声や発見の喜びの声がきこえるよう今後も授業作りに工夫をはかっていきたい。また、集団で話し合うことの価値に気付くことができるよう、全校一丸となって進めているミエルトークの実践にも力を注いでいきたいと思います。

中村憲幸（なかむら　のりゆき）【第４章】
（京都府私立）東山中学・高等学校（英語）

授業をしっかりデザインすることと、生徒に愛をもって接することがとても大切であると感じています。時にはうまくいかないこともありますが、その時は何が良くなかったのかをしっかり振り返ります。授業の成功（大袈裟ですが）を再現性あるものにすべく日々考え続けます。せっかく英語を学んでいるので４技能全てを伸ばしてあげたい！

芝池宗克（しばいけ　むねかつ）【第４章】
（大阪府私立）近畿大学附属高等学校（数学）

知識とスキルを身につけ活用できる生徒になって欲しい。そのために反転授業×協働学習（ジグソー法）を利用し、数学の学び方を変えています。学びが深まるように「問い学ぶ」（問学）教育を推進しています。

小倉丞太郎（おぐら　じょうたろう）【第４章】
（神奈川県私立）桐蔭学園中等教育学校（保健体育）

授業を作るうえのテーマは、「全員参加」です。特に、体育に苦手意識をもっている生徒が積極的に活動してくれることを最優先に考えています。そのために生徒の成長幅に目を向けて、一人一人が成長の実感がもてる授業が展開できるように心掛けています。

人名索引

【アルファベット】

【ア行】

【カ行】

【サ行】

【タ行】

【ナ行】

【ハ行】

【マ行】

【ヤ・ラ・ワ行】

【マ行】

【ヤ行】

【ラ行】

【タ行】

【ナ行】

【ハ行】

事項索引

【アルファベット】

【ア行】

【カ行】

【サ行】

【著者紹介】
溝上慎一（みぞかみ　しんいち）

学校法人桐蔭学園理事長　桐蔭横浜大学学長・教授
1970年1月生まれ。大阪府立茨木高等学校卒業。神戸大学教育学部卒業、大阪大学大学院人間科学研究科博士前期課程修了。京都大学博士（教育学）。1996年京都大学高等教育教授システム開発センター助手、2000年同講師、2003年京都大学高等教育研究開発推進センター助教授（のち准教授）。2014年同教授を経て、現職。
日本青年心理学会理事、大学教育学会理事、"Journal of Adolescence" Editorial Board委員、公益財団法人電通育英会大学生調査アドバイザー、学校法人河合塾教育研究開発本部研究顧問、大学の外部評価委員、高等学校のSGH/SSH指導委員等。日本青年心理学会学会賞受賞。

■専門
専門は、心理学（現代青年期、自己・アイデンティティ形成、自己の分権化）と教育実践研究（生徒学生の学びと成長、アクティブラーニング、学校から仕事・社会へのトランジション、キャリア教育等）。

■主な著書
『自己形成の心理学―他者の森をかけ抜けて自己になる―』（2008世界思想社、単著）、『現代青年期の心理学―適応から自己形成の時代へ―』（2010有斐閣選書、単著）、『自己の心理学を学ぶ人のために』（2012 世界思想社、共編）、『アクティブラーニングと教授学習パラダイムの転換』（2014東信堂、単著）、『高校・大学から仕事へのトランジション』（2014 ナカニシヤ出版、共編）、『アクティブラーニング・シリーズ』全7巻監修（2016～2017 東信堂）、『アクティブラーニング型授業の基本形と生徒の身体性』（2018東信堂、単著）、『高大接続の本質―「学校と社会をつなぐ調査」から見えてきた課題―』（2018学事出版、責任編集）、『大学生白書2018―今の大学教育では学生を変えられない―』（2018東信堂、単著）等多数。

学びと成長の講話シリーズ 2
学習とパーソナリティ――「あの子はおとなしいけど成績はいいんですよね！」をどう見るか　〔検印省略〕

2018年10月15日　初　版第1刷発行　　＊定価はカバーに表示してあります。
2020年 4 月10日　初　版第2刷発行

著者 © 溝上慎一　発行者／下田勝司　　印刷・製本／中央精版印刷株式会社

東京都文京区向丘1-20-6　郵便振替 00110-6-37828　発行所
〒113-0023　TEL (03)3818-5521　FAX (03)3818-5514　株式会社 東信堂

Published by TOSHINDO PUBLISHING CO., LTD.
1-20-6, Mukougaoka, Bunkyo-ku, Tokyo, 113-0023 Japan
E-Mail: tk203444@fsinet.or.jp　http://www.toshindo-pub.com

ISBN978-4-7989-1523-4 C3037

東信堂

大学教学マネジメントの自律的構築—主体的学びへの大学創造二〇年史	関西国際大学編	二八〇〇円
学修成果への挑戦—地方大学からの教育改革	濱名篤	二四〇〇円
転換期を読み解く—潮木守一時評・書評集	潮木守一	二六〇〇円
大学再生への具体像—大学とは何か【第二版】	潮木守一	二四〇〇円
リベラル・アーツの源泉を訪ねて	絹川正吉	三二〇〇円
「大学の死」、そして復活	絹川正吉	二八〇〇円
大学教育の思想—学士課程教育のデザイン	絹川正吉	二八〇〇円
大学教育の在り方を問う	山田宣夫	二三〇〇円
北大 教養教育のすべて—エクセレンスの共有を目指して	安藤厚・細川敏幸・小笠原正明 編著	二四〇〇円
検証 国立大学法人化と大学の責任—その制定過程と大学自立への構想	田中弘允・佐藤博明・田原博人 著	三七〇〇円
国立大学職員の人事システム—管理職への昇進と能力開発	渡辺恵子	四二〇〇円
国立大学法人の形成	大﨑仁	二六〇〇円
国立大学・法人化の行方—自立と格差のはざまで	天野郁夫	三六〇〇円
教育と比較の眼	江原武一	二六〇〇円
大学は社会の希望か—大学改革の実態からその先を読む	江原武一	二〇〇〇円
転換期日本の大学改革—アメリカとの比較	江原武一	三六〇〇円
大学の管理運営改革—日本の行方と諸外国の動向	江原武一・杉本均 編著	三六〇〇円
大学経営・政策入門	東京大学 大学経営・政策コース編	二四〇〇円
大学経営とマネジメント	新藤豊久	二五〇〇円
大学戦略経営の核心	篠田道夫	三六〇〇円
戦略経営111大学事例集	篠田道夫	三六〇〇円
大学戦略経営論—中長期計画の実質化によるマネジメント改革	篠田道夫	三四〇〇円
カレッジ(アン)バウンド—米国高等教育の現状と近未来のパノラマ	J・J・セリンゴ著 船守美穂訳	三四〇〇円
米国高等教育の拡大する個人寄付	福井文威	三六〇〇円
大学の財政と経営	丸山文裕	三二〇〇円
私立大学マネジメント	㈳私立大学連盟編	四七〇〇円
私立大学の経営と拡大・再編—一九八〇年代後半以降の動態	両角亜希子	四二〇〇円
学長奮闘記—学長変われば大学変えられる	岩田年浩	二〇〇〇円
大学のカリキュラムマネジメント	中留武昭	三二〇〇円

〒113-0023 東京都文京区向丘 1-20-6 TEL 03-3818-5521 FAX03-3818-5514 振替 00110-6-37828
Email tk203444@fsinet.or.jp URL:http://www.toshindo-pub.com/

※定価：表示価格（本体）＋税

東信堂

放送大学に学んで—未来を拓く学びの軌跡　放送大学中国・四国ブロック学習センター編　二〇〇〇円

ソーシャルキャピタルと生涯学習　J・フィールド 矢野裕俊監訳　二五〇〇円

成人教育の社会学—パワー・アート・ライフコース　高橋満編著　三二〇〇円

NPOの公共性と生涯学習のガバナンス　高橋満　二八〇〇円

コミュニティワークの教育的実践　高橋満　二〇〇〇円

学級規模と指導方法の社会学—実態と教育効果　山崎博敏　二二〇〇円

高等専修学校における適応と進路—後期中等教育のセーフティネット　伊藤秀樹　四六〇〇円

「夢追い」型進路形成の功罪—高校改革の社会学　荒川葉　二八〇〇円

進路形成に対する「在り方生き方指導」の功罪—高校進路指導の社会学　望月由起　三六〇〇円

教育から職業へのトランジション—若者の就労と進路職業選択の社会学　山内乾史編著　二六〇〇円

教育と不平等の社会理論—再生産論をこえて　小内透　三二〇〇円

マナーと作法の社会学　加野芳正編著　二四〇〇円

マナーと作法の人間学　矢野智司編著　二〇〇〇円

〈シリーズ 日本の教育を問いなおす〉

拡大する社会格差に挑む教育　西村和雄・大森不二雄・倉元直樹・木村拓也編　二四〇〇円

混迷する評価の時代—教育評価を根底から問う　西村和雄・大森不二雄・倉元直樹・木村拓也編　二四〇〇円

教育における評価とモラル　西村和雄・戸瀬信之編　二四〇〇円

〈大転換期と教育社会構造：地域社会変革の学習社会論的考察〉

第1巻　教育社会史—日本とイタリアと　小林甫　七八〇〇円

第2巻　現代的教養Ⅰ—生活者生涯学習の地域的展開　小林甫　六八〇〇円

第2巻　現代的教養Ⅱ—技術者生涯学習の生成と展望　小林甫　六八〇〇円

第3巻　学習力変革—地域自治と社会構築　小林甫　近刊

第4巻　社会共生力—東アジアと成人学習　小林甫　近刊

〒113-0023　東京都文京区向丘 1-20-6　TEL 03-3818-5521　FAX03-3818-5514　振替 00110-6-37828
Email tk203444@fsinet.or.jp　URL:http://www.toshindo-pub.com/

※定価：表示価格（本体）＋税